JN106642

保育士を育てる③
谷田貝 公昭［監修］

子どもの理解と援助

大沢 裕・藤田 久美［編著］

監修のことば

　本「シリーズ 保育士を育てる」は、保育士を養成する大学・短期大学・専門学校等のテキストとして利用されることを願って刊行するものである。

　本シリーズは、厚生労働省から出ている「保育士養成課程を構成する各教科目の目標及び教授内容について」に準拠したものである。また、ここで取り上げた各教科目は、保育士資格を取得するための必須科目となっているのである。

　保育士とは、「専門的知識及び技術をもつて、児童の保育及び児童の保護者に対する保育に関する指導を行うことを業とする者」（児童福祉法第18条の4）をいう。従前は、児童福祉施設の任用資格であったが、2001（平成13）年の児童福祉法の改正によって、国家資格となった。

　保育士の資格を取得するためには、大学・短期大学・専門学校等の指定保育士養成施設で所定の単位を取得して卒業して得るか、国家試験である保育士試験に合格して取得する方法とがある。

　よく「教育は結局人にある」といわれる。この場合の人とは、教育を受ける人（被教育者）を指すのではなく、教育をする人（教育者）を意味している。すなわち、教育者のいかんによって、その効果が左右されるという主旨である。

　このことは保育においても同じである。保育の成否は保育士の良否
にかかっていることは想像に難くない。保育制度が充実し、施設・設
備が整備され、優れた教材・教具が開発されたとしても、保育士の重
要性にはかわりない。なぜなら、それを使うのは保育士だからである。
いかに優れたものであっても、保育士の取り扱い方いかんによっては、
子どもの発達に無益どころか、誤らせることも起こり得るのである。
したがって保育士は、保育において中心的位置を占めている。

　各巻の編者は、それぞれの分野の第一線で活躍している人たちであ
る。各巻とも多人数の執筆者で何かと苦労されたことと推察し、お礼
申し上げたい。

　本「シリーズ 保育士を育てる」は、立派な保育士を育成するうえで、
十分応える内容になっていると考えている。

　われわれ研究同人は、それぞれの研究領域を通して保育士養成の資
を提供する考えのもとに、ここに全9巻のシリーズを上梓することに
なった。全巻統一の論旨については問題を残すとしても、読者諸子に
とって研修の一助となれば、執筆者一同望外の喜びとするものである。

　最後に、本シリーズ出版企画から全面的に協力推進していただいた
一藝社の菊池公男会長と小野道子社長に深甚の謝意を表したい。

　2020年1月吉日

　　　　　　　　　　　　　　　　　　監修者　谷田貝公昭

まえがき

　子ども・子育て支援新制度の施行、保育所等利用児童数の増加等、保育を取り巻く社会情勢の変化により、保育士養成課程が2017年度に見直され、新しい科目として「子どもの理解と援助」が設けられた。この科目見直し・再編に伴い、「子どもの理解に基づく援助の具体的な方法」が教授内容として新たに盛り込まれるべきことになった。

　そしてこのことは、子どもについての深い理解がなければ、効果的な保育方法を具体化することができないことを、文字通り示すものでもあった。もちろんここで言う"子ども理解"とは、"保育に資する理解"ということである。この場合、その理解の尺度について学問的な精度にこだわるよりも、保育者は、より良い保育のための理解であると意識することこそが重要である。

　同時に保育者には、一面的ではない、色々な角度から子どもを理解する必要がある。多くの視点から子どもを理解することができれば、子どもの育ちをより良く支援する機会もまた増えるからである。

　ちなみに本書は、多くの保育者養成施設が保育士養成課程と共に、幼稚園教諭の教職課程を併設していることもあり、教職課程科目「幼児理解」の内容をも同時に網羅している。

　各章の執筆者は、保育者養成校の一員として優れたスタッフばかりである。執筆頂いた先生方の熱意が伝わることができれば、幸いである。本書に不備があるとすれば、ひとえに編者の力不足のゆえである。今後のために、どうか積極的な批判・助言を頂きたい。

　本書の刊行にあたり、一藝社の菊池会長は全体を統括し、いつもながらの卓越したリーダーシップを発揮してくれた。そのもとで小野社長は、まことに細やかな気遣いで本書の刊行を支援してくれた。また、同社の皆さんは一致協力して本書の刊行に向けて強力な後押しをしてくれた。中でも松澤さんは黒子に徹し、誠実に編集作業を行なってくれた。心から感謝の意を表したい。

　編者としては、本書の発刊がより質の高い保育者養成に資するならば、これに勝る幸せはない。

　2020年1月

編著者　大沢　裕

藤田 久美

も く じ

第1章
子ども理解とは

第1節 »» 子ども理解とは

▶ 1 子どもの認識

　私たちは、身近な大人のことを理解しようとする場合、さほど苦労はいらない。それは、同じような言葉を話し同じような考え方をし、同じような感じ方をする人が相手だからである。しかし、外国人ならどうであろうか。外国人のことを理解するのは、日本人と同じようにはいかないので、ある種の戸惑いを感ずるだろう。

　それと同じように、子どもといざ関わろうとすると、また、別の戸惑いを覚えることになるのではないか。例えば、普段使っている言葉が通じないなど、そこには、（自分はかつて子どもであったはずなのに）大人となった今となっては忘れてしまった子どもの姿が、たち現れるのである。

　私たちは目の前に子どもがいるとき、それだけで、子どものことがわかったと信じがちである。確かに私たちの周りには子どもたちがいて、「子どもって、あんな感じ」といった印象をもつ場合が多い。また、大人であっても、自分はかつて子どもであったから、子どもとは何かと改めて問うこと自体がナンセンスだと、思う人もいるのかもしれない。しかし、本当に子どもの本心、心の中に入り込む人がどれだけいるだろうか。幼児は、空想の世界と現実の世界をたやすく往復する。そうした夢想しがちの子どものことをすっかり把握できる大人は、そう多くはない。

　普段子どもと接していない私たちは、何の問題もなく日々を過ごす。しかし、一度保育所や幼稚園で子どもとふれ合い、しかも実習をすれば、自分たちは、子どものことがいかにわかっていなかったかを痛感する。つまり、大人の常識が通じない世界、それが子どもの世界であり、そうした子どもの世界を知ることが、《保育者にとっての子ども理解》なのである。私たちは思い込みで子どもを見ていないであろうか。保育者は、子どものことをより正しく、また、より深く知らなければならない。

► 2　子ども観の歴史

　実は、今述べてきたような子どもの理解は、かつて歴史が示してきたこととも関連している。今私たちが考えているような子どもの姿、子ども像というものを、古代・中世の人たちはもっていなかった。より具体的に言えば、子どもが一人前扱いされないどころか、人間として認められていなかったような時代もあったのである。例えば、古代ギリシア・ローマでは、子どもの生殺与奪の権利は、親に与えられていた。

　フランスの歴史学者アリエス（Ariès, P.1914 ～ 1984）によれば、中世のヨーロッパには子ども時代という概念がなかったと言う。7歳から8歳ぐらいになれば、徒弟制度の徒弟にさせられ、大人と同然に扱われた。つまり、肉体的には子どもであったとしても、大人と変わらぬ存在として理解され、扱われた、ということである。

　また、当時は医学が発達しておらず、乳幼児期の死亡率が非常に高く、子どもが死亡することも決して珍しいことではなかった。このため大人は、子どもの死に対しても比較的無頓着で、子どもは、亡くなっても不思議ではない、という通念・理解があったのである。

　わが国においては、「七歳までは神のうち」と考えられていた時代もあった。私たちは、子どもは無邪気なもので、悪を知らない、と信じがちである。これも本当に正しい子ども理解なのか、私たちはそれをよくよく考えてみるべきである。

　近代教育学において「子どもの発見」を促したルソー（Rousseau, J.J. 1712 ~ 1778）は、著書『エミール』の中で「大人は子どもを知らない」と断言し、世界に大きな反響を与えた。ルソーは、ただ身近にいる子どもの印象を得ただけでは、また、かつて自分が子どもであったという体験だけでは、私たち大人は、子どもを理解する立場から、はるかに隔たったところにいるという自覚、反省を促そうとしたのである。

第2節 »»» 子ども理解の様々な視点

▶ 1　子どもの部分的理解

　子どもを理解するとき、その子どもの知能を測定することにより、どれほど子どもに理解力があるか、ある程度把握することは可能である。しかし、知能指数 = IQ は、月齢の知能の標準からどれだけ近いか、離れているかを示す数値である。子どもが実際に理解している知識の内容を明らかにできるわけではない。

　同様に、子どもの社会性も色々な形で測定することは可能である。しかし、子どもがいかに他の子どもと親しくしていようとも、その子の中にどれだけ良心が育まれているか、それを推し量ることは難しい。子どもの心を理解することはある意味、肉親でも困難なことなのである。

　また、身体的な働きについて、例えば、身体測定、運動測定などで子どもの身体の様子、運動能力を把握することもできるであろう。

　このように、色々な尺度から子どもを測定すれば、その子どもの特徴・独自性を、かなりの割合で絞り込むことができることは確かである。

　より多面的な理解の仕方をすることができれば、より多角的に子どもを理解することができる。一般に、一面的な理解の事例として挙げられるのは、暗闇で象に触れた人間たちの言葉である。ある者は鼻を触って

象は蛇のように長いと言い、ある者は体を触って石のように固い、と言ったように。それと同じことが、子ども理解でも言えるだろう。より多面的な尺度を身につけることは、保育者にとって必要な課題である。

▶ 2　子ども理解と価値判断

　実は「理解」とは、一つの「判断」である。判断とは、何かあるものごとを狭く限定していくことである。子ども理解で言えば、数ある子どもの姿の中から類推し、「この子どもはこうである」といった判断となる。この判断は、自分の引き出しが多いほど、より正確に対象を把握することができる。簡単に言えば、二つの答えしか持ち合わせなければ、回答は二つに一つしかない。しかし、仮に100ものパターンがあれば、100の選択肢の中からいちばん合致するものを選び出すことができる。

　判断には価値が伴うものと、伴わないものがある。身長が100センチだと理解することも一つの判断である。そこには、価値判断は含まれていない。しかし、この子どもは、まだ歩けない、と理解し判断したとき、その理解・判断の中には、「本当は歩けるはずの時期なのに、まだ歩けていない」といった気持ちが込められている。それはいわば、もっと早く歩いてほしい、といった大人の期待である。この期待が望ましく子どもに働くケースもあれば、逆に子どもに圧力をかけるきっかけにもなる。このため、「子どもを理解するということはそもそもどのようなことなのか」を、私たちはきちんと心得ておくべきなのである。

　旧来、文化価値と言われているものに、真理の価値、善の価値、美の価値、聖なるものへの価値、経済的価値などがある。それに照らして見れば、子どもの中にいかにして真理感覚が育まれているか、子どもの善悪判断が、どれだけできているか、子どもの「美しさ」についての育ちはどうか、人間の力を超えたものへの畏敬の念が育っているか、子どもの中に効率に対する考え方が育っているか、という見方をすることもできる。こうした多様な見方により、より多様な捉え方が可能になる。

▶ 3　理論的理解と実践的理解

　偏見や決めつけは、望ましい子ども理解とは対極にある。とはいえ、客観的なデータが、すべて保育者にとって有益な情報とは限らない。客観的データというのは、あたかも実験観察をするように、個別的なものを、ある一定の尺度・基準によって判定するのみである。保育者の理解は、実験室でガラス越しに対象を眺めるような理解ではない。

　子どもを理解しようとする手段は様々である。身近にいない子どものことを知ろうとして、書籍から知識を得たりネットで調べたり、あるいは、養成校で講義を聴いて、子どもの知識を得ることもできる。しかしそれは、子どもの存在がいかなるものか、いかにその核心を衝くものであろうとも、やはり、間接的に子どもを知ることに留まるものである。

　これに対して、直接子どもとふれ合いながら、子どもを知る方法もある。それは直接的な体験であり、いわば、生の子どもを知ることである。

　書籍やネットなどが理論的にあるいは知識として、子どもを知ることであるとすれば、直接子どもとふれ合うことは、実践的に子どもを知ることである。この理論と実践は、よく言われるように、それぞれ短所も長所もある。

　子どもの知識、理論は、多くの子どもが該当する一般的な事柄を述べているだけで、必ずしも個々の実際の子どもに当てはまる知識、理論であるとは限らない。例えば、「3歳児の遊びはこの程度」と示されていたものであったとしても、実際に目の前にいる子どもが同じレベルである保証はない。

　通常、子どものことは実践的に知ることに優るものはないようにも思える。しかし、私たちがふれ合える子どもの数やその範囲は、限られている。すなわち、私たちの経験は有限なのである。有限な経験を補完するものこそ、経験では得られない知識・理論である。

　しかし、理論も経験も豊富であれば、それだけで深い理解を保証する

ものでもない。同じ時間、同じ場所で同じように過ごしても、個々の人間によって理解の仕方は様々である。ある人は、ただ呆然と眺めることに終始するが、ある人は、一層正確に理解しようと、あれこれ試行錯誤を重ねるであろう。二者の間には理解の差が出てくるのも当然である。

　私たちは、知識・理論の長所と短所、そして実践的・体験的に子どもを知ることの長所と短所をそれぞれ把握しながら、一層深く子どものことを理解しなければならない。

第3節 »»» 子どもの全体的理解と援助

► 1　全体的理解

　人体を構成している物質の要素をすべて集めれば、人間ができ上がるわけではない。それと同じように、多くのデータを単に集成するだけでは、真の子ども像に出会うことはできない。

　「木を見て森を見ず」という言葉があるように、私たちは、子どもの細部にこだわるあまり、子どもの全体的な姿を見損なうことのないよう、絶えず自分自身の見方に反省を加えていく必要があるのである。近年では、子どもの存在の背後には、保護者の存在が見え隠れする。つまり、保護者がどう関わるかにより、その子どものあり方が大きく変わりうるのである。

　保護者のみならず、子どももまた、文化の影響を受ける。筆者が北欧の保育施設を視察したとき、子どもが静かに絵本を読むことのできる、個室のような間仕切りの空間を見つけた。恐らくわが国の保育者であれば、他の子どもたちが楽しく集団で遊んでいるのに、一人で絵本を読む子どもがいれば、「なぜ、みんなと遊ばないの」と誘うだろう。ここでは、国による文化の違いが、環境設定に如実に反映されていた。

　人間としての子どもの本質は不変である。しかし、子どもは文化の影響を受ける。また、同じ地域にあったとしても、時代が変わってきたとすれば、当然、子ども自身もその影響を受けている。従って、その文化の背景をもとに子どもを理解しなければ、適切な理解とはならない。

　子どもは外で遊ぶもの、そうした常識は、今や通じなくなってきている。人間は素質をもつだけではなく、環境の影響を受け、文化の影響を受け、その中で子どもの個性が現れてくるのである。

▶ 2　子ども理解と援助の関係

　私たちは、保育をする上で、子どもの発達と幸福を願って子どもを理解するのみである。発達については、保育者の間でおおよその共通理解ができるかもしれない。しかし子どもの幸福について考えてみた場合、その捉え方は保育者によって様々であろう。

　子どもの将来をどのように考えるかで、子どもの理解の仕方も変化してくるのである。例えば、社会性を身につけることが子どもの幸福につながると確信する保育者は、社会性の理解に努め、その育成に最も力を注ぐだろう。個性に対する考え方もまた様々である。私たちは単なる「わがまま」を「個性」として放置してはならないだろう。そうであれば、子どもの個性に向き合って保育者はどう対応すべきか、それを考え続けることも保育者の課題に違いない。子どもに何らかの個人差が見られた場合、それが本当に育てるに値する個性なのか、慎重に見きわめる必要がある。

　子どもは、人格をもった存在であり、単なる生物ではない。私たちがふれる子どもは、多くの中の子どもであるには違いないが、個々の子どもは、一回きりの人生を送る唯一の存在である。したがって、長年子どもとふれ合い保育を行なったから子どもがわかった、と捉えるのは、かえって危険である。なぜなら、それまでの経験では理解できないような子どもと出会う可能性も否定できないからである。

　子どもの発達と幸福のために、いかになすべきか、そのために子どもを理解することが重要である。まずは、現在の子どもの状態から将来を見通すことが必要である。

　私たちは、子どもは決して研究の対象ではない、という自覚に立たなければならない。つまり、知的興味・関心からその子どもを知ることそれ自体は、《保育者の子ども理解》として、必ずしも適切とは限らない。「興味本位」で子どものことを知ろうとするのであれば、それは、むしろ慎んだ方が良い態度である。私たちが子どもを理解しようとするのは、あくまでも、子ども理解が進めば、より良い保育が実践することができ、子どもの発達と幸福に、より良く貢献することができるからである。

　子どもの理解と援助には、基本的に二つの方向がある。一つは、まず子どもを理解して、援助にとりかかる方向である。もう一つは、子どもの援助をしながら理解を深めていく方向である。子どもを理解することと、保育の実践・援助とは往還的である。

　私たちは、子どもと関わりながら、自身の理解について絶えず反省を加え、子どもを援助し、さらに援助したことにより、さらにより深い子ども理解へと自分自身を向上させることが必要である。

　軽率な価値判断、決めつけは、保育者が厳に慎むべき事柄である。子どもを理解することのうち、あたかも子どもの無知を見下すかのような、冷やかな理解の仕方も起こりうることである。それは、保育者にとって、もっとも避けるべき態度に他ならない。保育者にとっては、やはり血の通った温かさ、そうした子ども理解が必須なのである。

【参考文献】

アリエス、杉山光信・杉山恵美子訳『〈子供〉の誕生 ── アンシァン・レジーム期の子供と家族生活』みすず書房、1980年

（大沢　裕）

第2章

子どもの発達の理解

第1節 »» 発達理解の視点

▶ 1 発達理解の概要

　子ども理解をしていくうえで、発達の理解は欠かせない。保育所など
で実習する際にも、事前学習として「子どもの発達について理解してか
ら実習に臨んでください」とか、「最初の実習では子どもの発達に知る
ために全年齢のクラスを見てください」と指導されているのではないだ
ろうか。そのように、日常的に使われている「発達」という言葉である
が、そもそも、「発達」という言葉の意味はどのようなものだろうか。

　この言葉からは、子どもが成長し続けるというイメージをもつことが
多いのではないだろうか。それも発達の中に含まれるが、近年では、生
まれてから人生の終末を迎えるまでの変化を、発達と考えることが多く、
「生涯発達」とよぶこともある。

▶ 2 生涯発達と発達段階

　人間の発達は、誕生から人生の終末を迎えるまで、一連の流れとして
考えられているが、大まかに時期ごとに分かれている。その区切りを区
分という、ここでは8つの区分を示す（向田、2017）。発達心理学では、
各区分で「発達課題」というものがあることが多く、例外はあるものの、
全員がその時期に乗り越えなければならない課題を指すことが多い。

図表 2-1　生涯発達の区分の一例

胎生期	受精後の約 38 週であり、卵体期（0 〜 2 週）、胎芽期（3 〜 8 週）、胎児期（9 週〜出生まで）に分けられる。卵体期に受精卵が着床し、胎芽期に各器官が作られ、胎児期に身体が肥大化していく。
乳児期	誕生から 1 歳半頃までをさす。養育者の全面的な世話を必要とし、そのやりとりの中で、基本的信頼感を獲得する。この時期の終わりに、人の特有の行動である言語（発語）と二足歩行が見られるようになる。
幼児期	1 歳半から 6 歳頃までをさす。養育者による世話や遊びを通して、言語や思考、情緒、社会性、運動能力が発達する。この時期の終わりには、基本的生活習慣が確立し、大人の手助けがなくても身辺自立が可能になる。
児童期	6 歳頃から 12 歳頃までをさす。義務教育が始まり、主に学校での活動を通して社会化される一方、個性化も進む。客観的・論理的思考が可能になるが、個人差も大きく、学習面でのつまずきを経験する子どももいる。
青年期	12 歳頃から 20 歳頃までをさす。第二次性徴によって性的な成熟が進む時期を、特に思春期とよぶ。学校や職場における様々な体験を通して、自分にふさわしい職業や役割を模索し、社会にでる準備をする。また、実際に社会に出てからも模索を続ける。
成年初期	20 代から 30 代半ばぐらいまでをさす。社会人となり、就職や結婚、出産や育児、転機といったライフイベントを経験し、自分なりのライフスタイルを確立する。
成人期	30 代半ばから 60 代初めくらいまでをさす。生活が比較的安定する一方、仕事や家庭での責任が増し、次世代を育成することが課題になる。体力や気力の衰え、職業上の限界、子どもの巣立ちや親の介護なども体験し、それまでのライフスタイルを軌道修正することが必要になってくる。
老年期	職業から引退し、時間的な余裕ができる一方、老いや病気、親しい人との別れに直面する機会が増える。ただし、喪失ばかりではなく獲得的変化も見られる。自分の人生を振り返り、意味づけをしながら、死に向けて準備をする時期である。

出典［向田、2017］を基に筆者作成

第2節 »»» 個人差とは

▶ 1　個人間差と個人内差

　発達心理学での発達段階は、人の一般的な発達を示しているが、人によって発達には差があり、そのことを「個人差がある」と表現したりする。個人差には、2 種類あるといわれている。1 つは、「個人内差」である。これは、「私は国語は得意だが、数学は苦手だ」といった特定の個人の中での差をさす。

　もう 1 つは、「個人間差」であり「A さんは穏やかだが、B さんは騒がしい」といった特定の個人と別の個人との差をさす。

▶2　個人差の発生要因

　我々は無意識のうちに、「A さんは穏やかだから、何でも話すことができる。B さんはすぐ怒るから、慎重に関わろう」と、相手の性格を把握して関わり方を変化させる。なぜ個人差が発生するのだろうか。

　発達心理学では、個人差が発生する要因を大きく 2 種類に分けている。

　1 つ目は、要因が 1 種類だと考える説である。ゲゼル（Gesell, A.L. 1880 ～ 1961）は「成熟（遺伝）説」を主張した。環境よりも遺伝を重視する説である。また、ワトソン（Watson, J.B. 1878 ～ 1958）は「環境説」を主張した。環境要因を重視している。ワトソンは、環境が整えば子どもをどんな人間にでも育てることができると主張したことが有名である。

　2 つ目は、発達には環境も遺伝もどちらも重要でお互いに影響し合っていると考える説である。シュテルン（Stern, W. 1871 ～ 1938）の「輻輳説」やジェンセン（Jensen, A.R. 1923 ～ 2012）の「相互作用説（環境閾値説）」がある。現在は、ジェンセンの相互作用説の考え方が主流である。

▶3　幼児期における個人差

　個人差を決める要因として、現在は相互作用説、つまり、遺伝的要因と環境的要因が、お互いに影響し合うといっても、人は生まれつき行動的特性が違う。

　保育所等の乳児クラスで実習をすると、生まれてからさほど時間が経過していない子どもたちに「個性」があらわれ始めていることに驚くことがあるだろう。このように生まれつき個性があり行動特性が違うことを「気質」という。

　子どもの気質の個人差を調査したものとして、トマス（Thomas, A. 1914 ～ 2003）の研究が有名である。子どもを直接観察したり、心理テス

図表 2-2　子どもの気質を客観的に評定する基準

活動性	身体の動きの度合い、活発な時間と不活発な時間の割合
生物的機能における規則性	睡眠、空腹、排泄などの生物的機能の規則性
新しい刺激に対する接近・回避傾向	新しい状況や物事への最初の反応の仕方
順応性	新しい状況や物事への慣れやすさ
反応の強さ	外的刺激や内的刺激に対する反応の強さ
反応の閾値	反応を引き出すのに必要な刺激の度合い
機嫌	快・不快の感情表出の度合い
気を紛れやすさ	行動をやめたり変化させたりするために必要な刺激の量
注意の幅と持続性	1つの活動の持続時間と、妨害があったときの執着度

図表 2-3　子どもの気質の4つのタイプ

扱いやすい子	全体の40パーセントくらい。 生理的機能が規則的で、新しい刺激に対して積極的に対応し、順応も早く、機嫌が良いことが多い。
扱いにくい子	全体の10パーセントくらい。 生理的機能が不規則で新しい刺激に対して回避的な反応をすることが多い。また、順応が遅く、不機嫌、不快を示すことが多い。
出だしの遅い子	全体の15パーセントくらい。 新しい状況や人に対して回避的に反応し、慣れるのも遅い。しかし生物的機能は規則的で、機嫌がよいことが多い子どもである。
平均的な子	全体の35パーセントくらい。

出典2点とも［内田ら、2006］を基に筆者作成

トを用いるなど様々な角度から調査をして、子どもの気質を測定する9つの基準が挙げられた（**図表 2-2**）。9つの基準の組み合わせで、4つのタイプに分類されている（**図表 2-3**）。

　保育では、個人差は重要な概念となる。「保育所保育指針（平成29〔2017〕年告示）」の中でも「子どもの発達について理解し、一人一人の発達過程に応じて保育すること。その際、子どもの個人差に十分配慮すること」（1章1-（3）ウ）とある。

　子どもそれぞれに気質があり、関わり方が違う。発達過程の理解を深めていく中で、子どもの気質にも目を向けていくことが望ましい。

第3節 »»» 発達と子ども理解

▶ 1　保育所保育指針からみる発達区分

　ここからは、保育所保育指針の区分を参考に、幼児期における発達過程を確認していきたい。

　現在の「保育所保育指針（平成 29 年告示）」では、子どもの発達過程を 3 つに区分している。

【1】乳児保育
【2】1 歳以上 3 歳未満児
【3】3 歳以上児

　以前（平成 20 年告示）の保育所保育指針では、子どもの発達過程を年齢ごとに細かく 8 つに区分していた。しかし、注意事項として、区分は同年齢の子どもの均一的な発達の基準ではなく、一人ひとりの発達過程として捉えるべきものである、とされた。

　つまり、目安として捉えることは必要であるが、目安に捉われすぎて、子どもの発達を柔軟に捉えることができなくなることに、注意が必要である。

　一人ひとりの発達過程について柔軟に捉えてほしい、長期的な視点からみてほしいという考え方もあって、8 つの発達過程の区分から 3 つの発達過程の区分へと変更になったといえよう。

▶ 2　3 つの発達過程

　「保育所保育指針（平成 29 年告示）」では、乳児保育、3 歳児保育の内容を充実させている。

(1) 乳児保育

　乳児期は、心身両面において、短期間に著しい発育・発達が見られる時期とされている（厚生労働省、2018）。

　そして、この時期に関して特に注目したいのが、「愛着関係」である。「愛着」とは、ボウルヴィ（Bowlby, J. 1907 〜 1990）が提唱した考えで、子どもと特定の大人（養育者）との情緒的な絆のことを指す。愛着関係は、子どもが愛情を込めて受容的に関わる大人とのやり取りを楽しむ中で強まっていくと考えられる。

　愛着関係が強まることに関しては、「不安なことや怖いことがあれば必ずくっつくことができるという安心感」を得ることと表現されている（遠藤、2017）。これは、言い換えれば「安全の基盤」である。子どもは安全の基盤があることで、安心して遊ぶことができるのである。

(2) １歳以上３歳未満児

　１歳半ば頃から自我が芽生え、強く自己主張することも多くなる。自分の欲求を主張し、受け止めてもらう経験を重ねることで、他者を受け入れることができ始める。これは、乳児期に生じた愛着形成が深まっていくことを表している。

　そして、愛着形成を基に「非認知的能力」が育まれていく。非認知的能力とは、「社会的情動スキル」ともいい、自分や他者のことを信頼する気持ち、自分の気持ちをコントロールすることのできる力、粘り強く頑張る力などのことの総称である。

(3) ３歳以上児

　子ども一人ひとりの自我の育ちを支えながら、集団としての高まりを促す援助が必要になる時期である、とされている。自我が育ち、仲間とのつながりが深まる中で、自己主張をぶつけ合い、葛藤を経験することが増える。

　一方、話し合いをして折り合いをつけることができるようにもなる。また、役割分担をしながら協同して取り組んだり、他の子どもと思いや

考えを出し合うなど、集団の中でのやり取りを学んでいく時期である。

▶ 3　幼児期の終わりまでに育ってほしい10の姿

「保育所保育指針（平成29年告示）」で新たに盛り込まれた項目に、「幼児期の終わりまでに育ってほしい姿」（第1章-4-(2)）がある（**図表2-4**）。この扱いに関しては、注意すべき3つのポイントがある。

　1点目は、この「10の姿」は到達目標ではないということである。

　2点目は、5歳児によって突然対応すべきことではなく、子どもが発達する方向を意識して、乳児、1～3歳未満児、3歳以上児、それぞれの時期にふさわしい指導を積み重ねていく必要がある。

　3点目は、小学校教育との円滑な接続を図るということである。

図表 2-4　幼児期に育ってほしい10の姿と主に関係する領域

幼児期に育ってほしい10の姿	主に関係する領域 （保育所保育指針などによる）
①健康な心と体	健康
②自立心	人間関係
③協同性	人間関係
④道徳性・規範意識の芽生え	人間関係
⑤社会生活との関わり	人間関係、環境
⑥思考力の芽生え	環境
⑦自然との関わり・生命尊重	環境
⑧数量や図形、標識や文字などへの関心・感覚	環境、言葉
⑨言葉による伝え合い	言葉
⑩豊かな感性と表現	表現

（筆者作成）

【引用・参考文献】

青木紀久代編『実践・発達心理学（第2版）』みらい、2017年

内田伸子編『発達心理学キーワード』有斐閣、2006年

遠藤利彦『赤ちゃんの発達とアタッチメント』ひとなる書房、2017年

厚生労働省『保育所保育指針解説』フレーベル館、2018年

汐見稔幸監修『保育所保育指針ハンドブック』学研、2017年

寺見陽子編著『子どもの心の育ちと人間関係』保育出版社、2009年

向田久美子編著『発達心理学概論』放送大学教育振興会、2017年

無藤隆・汐見稔幸・砂上史子『ここがポイント3法令ガイドブック』フレーベル館、2017年

師岡章『幼児教育の指導法』放送大学教育振興会、2015年

文部科学省『幼稚園教育要領解説』フレーベル館、2018年

（熊谷　賢）

第3章

子ども理解と環境理解

第**1**節 »»» 子ども理解

▶ 1　保育者が子どもを肯定的に見て理解することの重要性

(1) 保育の中での子ども理解

　一人ひとりの子どもを理解し、子どもが主役となって展開される主体的な活動を支えるためには、保育者が子ども理解の視点をもつことが望まれる。その子の発達、興味関心、探求など、あらゆる側面からの視点をもつことで、子ども理解を深めていくことができる。

エピソード　「体操の練習中に泣き出すAちゃん」（5歳児クラス）

　運動会に向けての練習も終盤を迎えた。5歳児クラスは当時、流行していたドラマの主題歌に合わせて体操をすることになった。子どもが主役のそのドラマは子どもたちにも人気があり、運動会の体操がその曲に決まったときにはみんな大喜びだった。

　慎重派のAちゃん（女児）は、いつもみんなの様子を見ながら、体を動かしている。練習も終盤に差しかかったこともあり、保育者は、Aちゃんに自信を持ってもらいたくて声をかけた。「いいね！Aちゃん、とってもじょうず！その調子！」そう言ったとたん、Aちゃんは動きを止めて、大粒の涙を流し始めた。

　これは、実際に保育の中で起きた出来事である（静岡県I市P保育園）。保育士養成校の授業内でこの事例を提示したとき、学生の中から「先生

の声が大きくて怒られたと思ったのでは？」「思いがけず、褒められてうれしかったのでは？」など、様々な意見が飛び交った。

　エピソードの通り、保育者はＡちゃんを「慎重派な女の子」と捉えている。慎重派ゆえ、今回の運動会の体操にも自信がもてずにいたように見えた。保育者はＡちゃんに自信をもってほしくて激励の言葉を掛けた。だが、Ａちゃん自身、体操の動きを覚え切れておらず、みんなのようにじょうずにできない、自信がもてない、という思いを抱いていた。このため、「じょうず」と言われたことがプレッシャーになり、身体が動かなくなったということが、後になってわかった。保育者は、「みんなに同じ励まし方をしてはいけないのですね」と肩を落とした。

　ここからもわかるように、子どもの関わりには正解があるわけではない。このような言葉がけが有効だというマニュアルもない。すべての子どもの心に響く言葉がけ、援助はありえない。

　Ａちゃんは自信がもてていないようだ、ということに気づくことができたのであれば、Ａちゃんにもう一度、保育者が体操の手順を丁寧にやって見せるという方法もあったかもしれない。

(2) 子ども理解からの援助

　「保育所保育指針」には、「子どもの発達について理解し、一人一人の発達過程に応じて保育すること。その際、子どもの個人差に十分配慮すること」とある（第１章１「(3) 保育の方法」ウ）。

　しかし、個人差と言っても、発達、性格、生活習慣の身に付け方など、子どもによって様々である。したがって目の前にいる子どもにどのような援助が必要であるかということを考えながら寄り添い、理解を深めていく必要がある。

▶ 2　子ども理解のための方法

(1) 観察、省察する

保育の中で、活動ごとに子どもの様子を観察することが重要となる。

自由遊びの中で誰と関わることが多いのか、どのようなことに興味を
もっているのか、食事や排泄の様子、午睡の様子など、複数の着眼点を
もち、観察していく。保育終了後には、その日の保育の中で起こったこ
と、保育者自身の子どもへの関わりや個々への理解、援助を振り返り、
「省察」をしていくことが求められる。

　以下は、倉橋惣三（1882 ～ 1955）が、省察について触れている文章で
ある。

「子どもらが帰った後」

　子どもが帰った後、その日の保育が済んで、まずほっとするのはひと時。
大切なのはそれからである。

　子どもといっしょにいる間は、自分のしていることを反省したり、考え
たりする暇はない。子どもの中に入り込みきって、心に一寸の隙間も残ら
ない。ただ一心不乱。

　子どもが帰った後で、朝からのいろいろのことが思いかえされる。われ
ながら、はっと顔の赤くなることもある。しまったと急に冷汗の流れ出る
こともある。（中略）一体保育は……。一体私は……。とまで思い込まれる
ことも屡々である。

　大切なのは此の時である。此の反省を重ねている人だけが、真の保育者
になれる。翌日は一歩進んだ保育者として、再び子どもの方へ入り込んで
いけるから。

（[倉橋、2008] より）

　このように倉橋は、反省や省察をしない限り、保育者としての成長は
ないと述べている。これらの反省、省察を記録として残しておくことは、
保育者の重要な業務のひとつとなる。

（2）記録の方法

　記録というと、目の前で起こった事実だけを記すものと考えがちであ
る。だが、保育の記録は、観察文と感想文が混合する物である、と捉え
ていきたい。

　保育は、子どもと保育者の相互関係によって展開されるものである。ゆえに、保育者が観察した子どもの姿だけではなく、保育者の思いや子どもの表情や行動から感じ取った気づきも記録しておくことが、必要となる。これらを保育を行なうチームで共有し、話し合っていくことが、子ども理解を進め、保育実践を豊かにしていくことに通じる。

第2節 ≫≫ 環境理解

▶ 1　子どもを取り巻く環境とは

（1）環境とは

　「環境」と聞いたとき、何を連想するだろうか。家庭環境、社会環境、自然環境など、聞きなれた言葉が次々と浮かんでくるだろう。辞書で調べてみると、「①取り囲んでいる周りの世界。人間や生物の周囲にあって、意識や行動の面でそれらと何らかの相互作用を及ぼし合うもの。また、その外界の状態。自然環境の他に社会的、文化的な環境もある。② 周囲の境界。まわり」とある。（三省堂『大辞林』より）

　周りを見渡してみると、我々は様々な環境の中で生活していることがわかる。椅子に座ったり、ペンをもったり、友人や家族と話したりと、環境とは「物」だけではない。

　自分の周りにの「人」や「事」も含まれる。それらの相互作用、すなわち、互いに働きかけながら日々を過ごしていると考えていきたい。例えば、授業で知り得たことをペンをもってノートに書き記す、使い慣れない駅を使うときにスマートフォンを操作して経路を調べる、友人や家族と会話をする。これらはみな我々が「環境」に働きかけることによって、「環境」が我々に働きかけてくれるのである。そこに相互作用が成立しているということである。

(2) 子どもを取り巻く環境

　子どもを取り巻く環境は、時代によって大きく変化している。第二次世界大戦後の混乱、高度成長期の発展以降、日本では産業構造の変化が起こり、子どもを取り巻く生活環境にも大きな影響をもたらした。

　これらの環境の変化も踏まえて、子どもを取り巻く環境、子どもが育っていくための環境整備について考えていきたい。

　「保育所保育指針」には環境について次のように書かれている。

　保育の環境には、保育士等や子どもなどの人的環境、施設や遊具などの物的環境、更には自然や社会の事象などがある。保育所は、こうした人、物、場などの環境が相互に関連し合い、子どもの生活が豊かなものとなるよう、(中略)、計画的に環境を構成し、工夫して保育しなければならない。

(第1章「総則」の1「(4) 保育の環境」)

　つまり、保育の中心は子どもであるということを考えると、環境は、子どもを取り巻く周囲の「人」「物」「事」と、捉えることができる。

　保育者や家族、保育所で一緒に生活している子どもは「人」という環境である。保育所で子どもは大人（保育者や調理師、事務職員等）をひとつのモデルにしながら育つ。困ったときや悲しいときに心の拠りどころとなる安全基地、一緒に遊んでくれる友だちのような存在として保育者は多くの役割を果たす。

　保育室に用意されている玩具、子どもがかばんを入れるロッカー、遊び場に敷いてあるカーペット、椅子、机等、これらはすべて「物」という環境の一部である。園庭を見回しても、地面には砂が敷き詰められ、草や木、花が生息している。そこで生活する虫や小動物を見る、これらも「物」として捉えることができる。

　「事」とは、四季の移ろいを感じるということを指す。例えば、春、桜並木の中を散歩して桜の花びらが散る様を見ながら風を感じる、梅雨期に長靴を履いて散歩に出かけ、雨に濡れたり、蒸し暑さを感じたりす

る、小動物を飼育し、生命を感じるなどということである。

▶ 2　環境構成の視点

　子どもが育っていくための具体的な環境づくりについて、保育所保育指針は留意すべき事項を示している。

　ア　子どもが自ら環境に関わり、自発的に活動し、様々な経験を積んでいくことができるよう配慮すること。

　イ　子どもの活動が豊かに展開されるよう、保育所の設備や環境を整え、保育所の保健的環境や安全の確保などに努めること。

　ウ　保育室は、温かな親しみとくつろぎの場となるとともに、生き生きと活動できる場となるように配慮すること。

　エ　子どもが人と関わる力を育てていくため、子ども自らが周囲の子どもや大人と関わっていくことができる環境を整えること。

（第1章「総則」の1「(4) 保育の環境」）

　保育所は、子どもにとって生活の場である。生活の場であるということは、そこに信頼して関わることができる大人の存在がなくてはならないし、安心できる場所でなくてはならない。そこで、子どもが自ら「やってみたい」と好奇心をもって関わることができるような環境を構成するにはどのような配慮が必要であるかを考えたい。

(1) 保育者の視点からの環境構成

　子どもにとっての環境は、心身の発達を促すものでもある。保育者はその点を考慮しながら、それぞれの発達に応じた環境を整え、保育を行なっていかなければならない。

　保育者が意図をもって構成した環境に、乳幼児がどのように関わるのか、柔軟に理解する視点をもつことが重要となる。また、子どもが環境の中で望ましい経験をしているか、という視点で捉えていく。

　環境は静的なものではない。そのときの子どもの姿を踏まえ、必要に

応じて保育者が環境を再構築していく動的なものとして考えなくてはならない。

　どのようなことに配慮して環境を整えていくべきか考えていく。

①子どもの「今」を理解する

　　目の前にいる子どもが今、何に興味をもち、どのような遊びを好んでいるのか、誰と遊ぶことが多いのか、それらを理解することによって、それぞれの子どもに対しての保育方法を把握することができる。それぞれの発達段階を踏まえながら、個々に応じた援助をしていく。

②子どもの興味を重視する

　　子どもが自ら「やりたい」「もっと知りたい」と探求心を抱くような保育環境を整えていくことが重要である。それぞれが、環境と相互作用できるような整備が求められる。このとき、子どもが受け身になるだけの環境にならないことに注意したい。

③少し難しいことにも挑戦する

　　挑戦できるという環境は、子どもにとって魅力的なものである。子どもが難しいことにも近づくことができ、粘り強く挑戦を続けられるような環境を、保育者は整えていく。安心できる環境の中で、信頼できる大人に支えられながら挑戦できる、ということが大切なのである。

(2) 人的環境としての保育者

　保育者は子どもにとって「かけがえのない存在」でなくてはならない。例えば、新入園の子どもは、保育所という初めての集団生活の中に入ることによって、環境の断絶が起こっている。環境の断絶によって、今まで身に付けてきた力がうまく発揮できないということも考えられる。親に置いていかれてしまったのではないかという分離不安、緊張から泣いたまま一日を過ごすこともあるだろう。

　そうした子どもに対し保育者は、安心できるようなメッセージや、そばにいるということを伝えていくことにより、徐々に信頼、愛着関係が築かれていく。

　園での生活が安定したあとにも、環境構成を含めた保育者の関わりが、子どもの活動や発達に大きな影響を及ぼす。子ども同士のトラブルが起きた際には、保育者が互いの気持ちを代弁し、相手の思いに気づかせたり、円滑なコミュニケーションの方法を身に付けるように関わっていくべきである。

【引用・参考文献】

井戸ゆかり編著『保育の心理学Ⅱ──演習で学ぶ、子ども理解と具体的援助』萌文書林、2018年

倉橋惣三『育ての心（上）』フレーベル館、2008年

厚生労働省「保育所保育指針（平成29年告示）」

公益財団法人児童育成協会監修、清水益治・森俊之編『子どもの理解と援助』（新・基本保育シリーズ）中央法規出版、2019年

仙田満『子どもとあそび──環境建築家の眼』岩波新書、1992年

高嶋景子・砂上史子・森上史朗編『子ども理解と援助』ミネルヴァ書房、2011年

内閣府「産業構造の変化が求める人材」
　　　https://www5.cao.go.jp/keizai3/2017/0118nk/n17_2_2.html（2019.8.6最終アクセス）

文部科学省「子どもの体力の低下の原因」
　　　http://www.mext.go.jp/b_menu/shingi/chukyo/chukyo0/gijiroku/attach/1344534.htm
　　　（2019.8.6最終アクセス）

レッジョ・チルドレン著、ワタリウム美術館編『子どもたちの100の言葉』日東書院本社、2012年

（村山久美）

第4章

子ども理解を深めるための実態把握

第1節 》》》 観察する

► 1 観察とは

　保育実践における実態把握は、目の前の子どもの姿をよく見て、一人ひとりの子どもの発達の姿と、その子にとっての自己課題を把握することを基盤とした関わりの中にあるといえる。本章では、4つの具体的な方法から子ども理解を深めるための実態把握について考えていく。

　観察は、子ども理解に不可欠な行為である。子どもの育ちを連続的に捉えるために、保育所・幼稚園等では、「家庭調査票」や「個人票」など、子どもの生育歴（胎児期から現在に至るまでの発達面、身体面、性格面に関する情報）や、養育環境（家族構成や養育方針、養育者の経済状況など人間関係や家庭に関する情報）など、子どもの背景となる情報が収集される。保育者は、その子に関する基本的な情報をふまえた上で、目の前にいる子どもの見聞き可能な行動や表情、発言などから、外面的には表れない子どもの内面にまで思いをめぐらせながら保育を行なう。

　子どもは周囲の環境（人・物・場・事象など）と相互に影響し合いながら生活しているため、環境と共にある子どものありようも踏まえ、観察することが大切である。ただし、私たちが捉える子どもの言動は、あくまでも部分的な理解である（岡本、1993）。「全体性」を把握し、自己や他者との「関係性」や子どもを取り巻く「状況性」を考慮に入れ、そして、常に変化の過程にいる存在としての子どもの「時間性」をふまえる

ことで、子ども理解はさらに深まると考えられる。

▶2　観察者としてのあり方

　観察にはいくつかの種類があるが、保育現場で多く用いられるのは「自然観察法」である。自然観察法は、観察者が場面にかかわらず、できるだけ自然な状態を客観的に観察する方法だが、実際には、観察者のあり方が子どもの言動に影響することもある。観察者のたたずまいや子どもへのまなざしは、直接的な関わりがなくとも、その場にいる子どもに何らかの意味を与えてしまう。

　子どもを観察する目線やしぐさ、表情などには、その時その時の観察者の解釈が反映され、意図せずとも観察者の保育観や子ども観がにじみ出るものである。そのため、観察者としての「わたし」のあり方にも注意を払う必要がある。

第2節 »»» 関わる

▶1　関わるとは

　実践における子ども理解は、理解そのものが目的ではない。理解に基づいて子ども一人ひとりの育ちに応じた援助をすること、つまり、子どもと関わることを目的としている。保育では、子どもと同じ視点に立ち、子どもの呼吸や体温を感じながら共に活動する中で、楽しさや喜び、時に悔しさなどを共感することを通して、関わることと理解することが日々、更新されながら展開されていく。

　「子どもの生活に参与する保育の実践においては、おとなは子どもと一緒に生きているから、子どもを対象化して行動を観察していない。子どもとの応答の中で、自分の全感覚をはたらかせて、子どもの行為を知

覚し、子どもの世界に出会う」(津守、1987) のである。

　保育者は常に自らの五感を研ぎ澄ませながら、子どもに向き合う。関わりを通した子ども理解は、子どもの育ちにふさわしい次の関わりを見つけていくための手がかりを得ることにもつながっている。

▶ 2　子ども理解を固定化しない関わりのあり方

　子ども理解とは、子どもだけを対象としていない。子どもをみる主体である保育者をも含めて捉える必要がある。つまり、保育者もまた、子どもにとっての見る対象であり、見られる存在であることを意味している。そのため、誰が見るのかということも、子ども理解には影響する。「子どもを対象化してみていくのではなく、自分のかかわりとの関連のなかでとらえていくので、保育者自身がその子の発達をどう捉えるかがつねに問われることになる。そこがとても大変であるが大切な側面である」(大豆生田、1998)。保育者は子どもとの関わりの中で、その子をめぐる解釈を行なうが、その解釈の枠に子どもを固定すると、「解釈の落とし穴」(佐伯、2001) に陥ってしまう。自らの解釈を問い直し、その子理解が深まるように努めることが、保育者には求められる。

第3節 ≫≫≫ 記録する・ふり返る

▶ 1　記録とは

　「記録をする際には、子どもに焦点を当てて、生活や遊びの時の様子を思い返してみる視点と、一日の保育やある期間の保育について、保育士等が自分の設定したねらいや内容・環境の構成・関わりなどが適切であったかといったことを見直してみる視点がある」(厚生労働省、2018)。

　つまり、活用する記録の種類によって、見えてくるものや理解できる

内容は変わる。記録の種類と特徴を捉えて活用することで、子ども理解をさらに深めることができるのである。

(1) メモによる記録

子どもの取り組みや発したことは、忘れてしまいやすい。しかし、簡単であっても文字にして残すことで、ふり返りが可能な記録となり、その瞬間には迫ることができなかった子どもの心情や成長に気づくきっかけにもなる。

(2) 写真（静止画）による記録

活動を写真に収めることは、成長や活動のプロセスにおける子どもの学びを記録することになる。それらを活用して、ドキュメンテーションやポートフォリオを作ることで、さらに時間軸をもった視覚的な記録となり、子どもを短期的にも長期的にも捉えて理解することができる。

(3) ビデオカメラ（動画）による記録

動画による記録は、前後の脈絡から子どもを理解することができる点で有効である。保育者が保育中には行なうことが困難な定点観察（記録）が行なえることで、見られなかった点を補い、別の見方が可能となるなど、子ども理解を深めるための記録として活用できる。

▶2 記録を通したふり返り

保育実践の中で子ども一人ひとりの実態把握を行なっていくことは、一定の尺度との比較でみるのと違い、スキルを磨くことが難しい。つまり、毎日の何気ない遊びや、生活の一つひとつの場面で積み重ねられている発達の実態を把握していくことの大切さと、難しさである。

「個々の子どもの発達を理解する上で保育を振り返る省察が欠かせない」（大豆生田、1998）。「省察力」は、「一人一人の幼児に対して、一々省察を以て接することを度重ねて、初めて得られるもの」（倉橋、1976）であり、経験によってのみ養われるといえよう。このように、子ども理解では、日々の出来事の中での子どもの姿を丁寧に捉え、その意味や保

育者自身の保育を常にふり返り、繰り返し問い直していくプロセスが必要である。

　しかし、常にめまぐるしく状況が変化していく保育現場において、保育者が全てをつぶさに把握して、その場で理解していくことは容易ではない。「目前で展開される行動だけをみていても、過去に遡った経緯を知らなければ、そこでの言動の意味を理解することが難し」（岩田、2011）い。それゆえ、「点としてではなく、時間的な拡がりのなかで線として子どもを〈みる〉姿勢が必要」なのである。

　子ども理解を深めるためには、幼児の心の動きを、その場面だけで理解するのではなく、それまでの様子や生活の流れや取り巻いている状況など、様々な情報を組み合わせて〈みる〉ことが必要だといえる。いい換えれば、「点を線としてつないでわかっていこうとする意思を持つことが、子どもを理解するという営みの根底にある」（秋田、2000）ということであろう。

第4節 ≫≫ 語り合う

► 1　複数の目でみるとは

　保育者同士で、子どもの事例について語り合う場面がある。そのとき、同じ情報を共有しているにもかかわらず、保育者によって解釈が様々になることがある。例えば、ある保育者にとって、その子どもの心配な要素が目につく事例が、別の保育者にとっては子どもらしさを感じる微笑ましい事例として解釈されることがある。では、なぜそのような解釈の違いが生まれるのだろうか。

　保育者は、知識によって裏づけされた「専門性」や保育者のもつ「子ども観（子どもをどのような存在として捉えているか）」、「保育観（保育の中

で何を大切にしたいか）」によって、子ども理解を行なっている。子ども観や保育観は、保育者自身の育ってきた環境や受けてきた教育が大きく影響している。このため結果的に、保育者同士が同じ事例を語り合う場面で、解釈の違いが表面化することになる。

　解釈の違いは、一人で子ども理解を行なうことの危険性を示唆している。同時に、多角的・多面的な子ども理解を深めていくためには、非常に有効なきっかけとなり得る。保育者は、他の人々と語り合うことを通して、自分自身の子どもを見る枠組みを問い直すことが可能になることからも、複数の目で見ることは、子ども理解において重要な方法だといえる。

▶2　他者を通した理解

　複数の目で子どもを理解するためには、保育者が子どもの情報を共有して語り合う場が必要である。具体的には、職員会議や園内研修の場などの定期的な場に加え、日常の中で子どもの姿を語り合う場をもつことが望まれる。また、保育者だけでなく、日頃から子どもに関わる多様な人々（事務職員など）との情報共有が重要である。

　子どもの様々な姿を知る上では、保育の場だけではなく、異なる生活場面である家庭からの情報も欠くことができない。子どもは、周囲の環境（人・物・場・事象など）と相互に影響し合いながら生活している。そのため、子どもの「家庭での生活をも射程に入れ、子どもを面として〈みる〉といった姿勢が必要になってくる」（岩田、2011）。

　ただし、家庭から情報を得る際は、一方的に情報を得ようと働きかけるのではなく、子ども理解のために情報共有しようする双方の意識と工夫が必要である。

第5節 »»» 全体的・包括的に子どもを理解し続ける

► 1　「その子理解」の更新

　本章では、観察する、関わる、記録する・ふり返る、語り合うという4つの具体的な方法から、子ども理解を深めるための実態把握について述べてきた。だが、「実際には子どものしていることの意味や思い、楽しんでいることや、経験している内容がわからないことが多い」、「その『わからなさ』を引き受けていくこともまた重要である」(大豆生田、1998)。

　保育者は、子どもの育ちにつながる援助について考えるために、様々な方法を用いて子ども理解を行なう。しかし、保育者が自らの「その子理解」に満足して、子ども理解のあゆみを止めてはならない。子どもを理解「した」と分かったつもりになり、子ども理解を完了させてしまうことは、「解釈の落とし穴」(第2節参照)に陥ることになる。また、子どもの新たな一面や成長を見落としてしまい、保育そのものにも影響を与えかねない。つまり、子ども理解を深めるためには、様々な方法を用いて得られた子どもの実態を、絶えず多角的に捉え直し、保育者自らの「その子理解」を更新していくことが求められる。

► 2　視点を変える

　また、観察する、関わる、記録する・ふり返る、語り合うという子ども理解の方法は、一つひとつの行為が厳密に分けられるものではなく、相互に関わりあっている。そして、必ずしも決まった順序で進むわけではなく、幾度も複雑に往還しながら進められ、終わることがない。

　終わりがないと聞くと、目的地がわからず途方に暮れる人もいるかもしれない。しかし、保育に正解はないといわれているように、どれだけ多様な方法を用いて、どれだけ長い期間にわたって行なったとしても、

子ども理解に「正しい」「完璧な」「客観的な」答えは出ない。

　それゆえ保育者は、自ら得た幾つもの「その子理解」の断片をもち寄って、試行錯誤しながら「その子」を、全体的・包括的に編み直していくのである。一人ひとりの子どもをまるごと、ありのままに理解することは難しい。しかし、視点を変えると、子ども理解に向かう道は、保育者一人ひとりが自ら切り拓いていくことができるともいえる。

　わからなさを抱えながらも、その子を理解したいと思い、子どもと関わり続けながら、自らの子ども理解の視点や方法を模索し、構築し続ける姿勢が求められている。

【引用・参考文献】

秋田喜代美『知をそだてる保育』ひかりのくに、2000 年

岩田純一「4 章　保育のなかの幼児理解 —— 子どもを〈みる〉とはどういうことか」『子どもの発達の理解から保育へ　個と共同性を育てるために』ミネルヴァ書房、2011 年、pp.63-92

大豆生田啓友『幼児教育への招待』ミネルヴァ書房、1998 年

岡本夏木「第1章　子ども理解と心理学」岡本夏木編『新・児童心理学講座　第17巻　子ども理解の視点と方法』金子書房、1993 年、pp.1-22

河邉貴子『子ども理解とカウンセリングマインド』萌文書林、2001 年

倉橋惣三『育ての心（下）』フレーベル館、1976 年

厚生労働省編『保育所保育指針解説』フレーベル館、2018 年

佐伯胖『幼児教育へのいざない —— 円熟した保育者になるために』東京大学出版会、2001 年

津守眞『子どもの世界をどうみるか —— 行為とその意味』日本放送出版協会、1987 年

文部科学省『幼児理解に基づいた評価』チャイルド本社、2019 年

（當銘美菜・佐藤牧子・古橋真紀子）

第5章 子ども理解から始まる計画と援助

第1節 »»» 子どもを理解することと保育計画との関連

► 1 「計画」の大切さ

　幼稚園や保育所で日々実践されている保育は、その日の保育者の思いつきや成りゆき任せの内容で展開しているのではない。保育所は、厚生労働省によって制定された「保育所保育指針」に基づき、幼稚園は文部科学省によって制定された「幼稚園教育要領」に基づいて企画・立案された保育計画に従って、保育内容を展開している。保育所と幼稚園において、それぞれの保育計画は若干、名称が変わる場合もあるが、ここでは、どちらの保育内容のこともカリキュラムと呼ぶことにする。

　保育のカリキュラムには、一年間の計画である「年間計画」、毎月の計画案である「月案」、一週間単位の保育計画を記した「週案」、その日に行う計画を、時間軸で表し、それぞれの子どもの姿や保育者の関わり方、実施する場合の体形や設定する品物、指導上の注意・留意点、その日の評価反省などを記す「日案」が、それぞれ存在する。一般的には年間計画が立案され、それに伴って「年間計画→月案→週案→日案」といった形で、微分的に詳細が決定されていくことが多く、いきなり日案を書き始めるという形態をとることは、本来あり得ない。

　それは例えば、年間計画の中に「運動会」が立案された場合、その準備・練習をいつから子どもに導入し始めるのか、具体的に練習をどのようにどこで行なうのか、園全体で行なう予行練習をいつ設定するのか、

といった詳細に関して年間計画的な大きなものから、日々の活動のような詳細できめ細かく記された計画に落としこんでいく必要がある。

　行事に限らず、日々の保育に関してもカリキュラムは大変重要な意味をもつ。子どもに効果的かつ理想とするべき発達を促す場合、カリキュラムが存在しない保育は、本来あり得ない。効果的に保育を実践する場合には、それぞれの園において保育者たちが会議などを行ない、綿密に計画を立案することが必要不可欠である。その場合に欠かすことができない点は、子どもの姿を理解し、カリキュラムの中に織り込むことであろう。

　子どもの姿が反映されていないカリキュラムは、保育者たちの一方的な理想だけの机上の空論である。子どもを理解しないままで企画・立案されたカリキュラムは、日々の保育の上で空回りするだけのものとなってしまう。

▶ 2　子ども理解の視点

　知ることと、わかることは、同じような意味をもち、似たようなものと捉えがちである。しかし、理解の中に含まれる、知るとわかるは違う側面をもつ。一言で言うならば「知る」とは、子どもを理解することを様々な知識や理解をもとに行なうことであり、「わかる」こととは、日々子どもとの保育生活を実践し、継続的な時間の流れの中から保育者自らが感じ取り、理解を深めることの違いなのではないだろうか。

　「知る」という静的な理解も、「わかる」という体験を中心とした動的な理解のいずれも、子どもを理解するうえでは大切な観点である。それぞれがもっている客観的な要素と主観的な要素が、バランスよく組み合わされることで、子どもを理解することが初めて成立するのである。

　このような視点を大切にして、包括的に子ども理解をした上で、保育計画を立案することが求められる。

第2節 »»» 保育計画に基づく子どもの援助

▶ 1　柔軟性のある計画を立てる

　子どもを静的かつ動的に理解したうえで、立案したカリキュラムを日々展開していく。しかし、必ずしもそのカリキュラムが効果的に、何も問題なく運営されるといったことは少ない。むしろ当てはまらなかったり、失敗してしまうことも多く、すべてが完璧に終わる場合など、ほぼあり得ない。なぜなら保育者の立案したカリキュラムが不十分であったり、未熟な内容であったりするからである。

　さらに、子どもたちの姿や成長発達に関する理解が不十分であったり、理解した内容をカリキュラムに反映する際に欠落した点がある場合もしばしばである。だが、それだけを、保育成果に結びつかない理由と考えるべきではない。

　子どもたちは、それぞれが個々の異なった存在である。簡単に一つの形に当てはめることなどできないし、異なった存在のそれぞれすべてに当てはまる保育計画を立案することは、大変困難なことである。また、それぞれが異なった存在であるだけではなく、子どもたちは、その時に偶発的かつ直感的に行動する。あらかじめ保育者が想定していなかった行動をしたり、思いもよらない展開に保育が進んでいくことも多い。

　だからと言って保育計画が必要ないということでは決してない。だが、保育計画を企画・立案するうえで、ある程度の自由度や柔軟性を加味しておくことが大切である。第 1 案がうまくいかなかった場合の第 2 案を記しておくことだけではない。それ以上に大切なことは、うまくいかなかった場合に、保育者それぞれが機転を利かせて活動できる柔軟性のある保育計画を立てておくことも必要なのではないか。

　あまりに綿密で、自由度のない保育内容をあらかじめ計画するのでは

なく、ある程度の枠の中において、各々の保育者がそれぞれの特質や性格を発揮できる保育計画を考えることが、大切な観点ではないかと思われる。

　逆説的かもしれないが、保育者が、自ら企画・立案したカリキュラムに保育活動のすべてを縛られることは大切ではない。カリキュラムは重要で、保育者にとって有益な存在である。だが、その内容に保育者がとらわれすぎると、自由度にかけ、余裕を失い、理解しているはずの子どもの姿から乖離していってしまう結果にもなりかねない。そうなっては、本来子どものために立案したカリキュラムが、かえって保育の自由度を奪い、保育者に負担を強いることにもなりかねない。また、本末転倒な方向に進んでしまうだろう。

　そのような場合に、保育者はどうしたらよいのであろうか。筆者は、常々保育者が立案したカリキュラムが子どもに対応していなかったり、うまくいかなかった場面に出会っている。そして、その場の機転により新しい方向に進むことができるような臨機応変な保育技術が望まれると痛感している。

　もちろんそれは、適当でその場しのぎの保育内容を実践するということでは決してない。綿密に立案された保育計画があったうえでの対応であり、その場合にもすべての立案の原点は、やはり、それぞれの子ども理解の上に立ったうえで臨機応変であると理解してほしい。

▶ 2　日々の研鑽と機転

　保育者が一つの保育活動を失敗したり、何らかの行為を間違えたりして、子どもに笑われてしまう場合も多い。だがそれを「間違えてしまった、あるいは笑われた」、とプレッシャーに感じてしまったり、落ち込む必要など、全くない。もしも、子どもに笑われるようなことによって、なんらかの盛り上がる展開となったのであれば、むしろそれを保育者は好機と捉えたい。そして、有効な方向へと結びつけることのできるエネ

ルギーを受け取ることができた、と考えればよい。

　子どもと共に保育を楽しみ、成長を喜び、時間を共有することとは、そのような瞬間なのではないか、と思う。「その瞬間」から保育は新しい方向へ歩み始めることができた、とも考えられる。もし線路のポイントが別の方向に切り替わったとしても、それが子どもと保育者とが一体となって生み出された保育内容であるならば、むしろその方向こそが、自由度や発展性に欠ける保育よりも、子どもと保育者にとってかけがえのない素晴らしい展開を実践していると考えることもできる。

　そのような保育者と子どもたちが混然一体となって楽しみ、笑顔に満ち、充実した時間を送っている瞬間こそが、子どもたちを理解し、それに保育者が応じ、共に成長している瞬間でもあり、保育が本来もつべき望ましい姿といえるのでないだろうか。

　最も必要なことは、保育者の柔軟性や機転、知恵やアイディア、そして独自性であるが、それは、一朝一夕に保育者に備わるものではない。保育は、日々子どもと共に生活し、子どもに投げかけたボールをうまく受け取り、それをまた投げ返すような行為の繰り返しである。

　保育者自らが経験を積み、自己研鑽し、日々子どもと共に成長発達していくことができるように努め、それぞれが自らの中に崇高で楽しさのある理想と、大きな可能性の夢をもってこそ初めて、柔軟で機転が利き、子どもと共に日々の生活の中に喜びを見出すことのできる保育者となるのである。

第3節 ▶▶▶ 子どもを理解したことによる評価とは

▶ 1　その日の反省と保育計画への反映

　第2節で、保育者は失敗を恐れず、むしろ失敗を前進することへのエ

ネルギーとして用いることが大切なのではないか、と記したが、このことはもちろん、失敗することを全面的に推奨しているわけではない。

　失敗が別の方向性を導き、保育が最終的には良い方向に収まったとしても、それは本来意図していなかった道路上での成功例である。あらかじめ企画・立案しておいた保育計画上での事象とは異なった場所に行っていることも事実である。それゆえ、もろ手を挙げて賛成の評価をすることはできないだろう。

　結果的に本来の目的と目標から著しく異なってしまったのであれば、その点に関してはやはり、なんらか問題点が保育活動、あるいは保育計画の中にあったと考えるべきである。

　そのような場合には、その日の保育に関しての反省を、しっかり行ないたい。同時に、子どもに対してどの部分の理解が足らなかったのか、どのような点に関してより理解していくことが必要とされるのかを、ふり返るべきである。その反省を十分に生かし、その後の保育計画に反映することが必要である。また、保育者自らがその点を（機転を利かせることで最終的にはうまくいったことを、すべて良しと判断することなく）よく把握し、その後の保育活動と子どもの理解に結びつけなくてはいけない。

　また、本来の計画と大幅に離れて行ってしまった場合には、軌道修正するような保育内容を立案・実施しなくてはいけない場合もある。そして、子どもの姿を評価し、上記のようにこれからの保育内容に反映して行くことが、欠かせない点である。

　それでは子どもを理解し、評価することの留意点とは、どのようなものと考えられるであろうか。まずひとつは、現在の子どもの姿を的確に把握することであろう。特に新年度の始まった時であれば、その時点における子どもの姿を、できるだけ色眼鏡などをかけることなく、客観的に捉えることが望ましい。もちろんそれは簡単ではない。保育者にとって把握しやすい子どももつかみにくい子どもも存在する。また、メディアやITの発達に伴って様々なデータが蔓延し、場合によっては必要の

ない子どもに関しての情報を受け取ってしまう可能性もある。保育者が絶対的な客観性をもって、すべての子どもを把握することなど不可能でもある。だが、子どもを理解する最初の段階では、できるだけ自然で、可能な限り中立な立場から、その理解を始めることこそが重要な観点ではないだろうか。

▶2　子どもの記録と変化への対応

　一方、日々の保育の中から子どもを理解する場合には、やはり日々の保育を展開し、積み重ね、様々な出来事や体験の中から子ども一人ひとりの特性を捉え、個々の性格や発達状況を的確に把握することが大切になる。それは容易ではないし、一朝一夕にできることではない。

　日々の保育を積み重ね、子どもの成長発達を長い期間にわたって見届けることのできた保育者だからこそ成しえる理解であり、数時間、あるいは数日で達成できるものではない。毎日の保育を子どもとともに過ごしながら、少しずつ理解し、その理解を積み重ね、修正し、理解を深めることが肝要である。

　そのために保育者は、必要に応じて記録を残しておくことも大切である。日々の記録の積み重ねは、後になって他に代えがたいものになるし、万一なんらかのトラブルや問題、事故やけがなどが発生した場合にも大きな意味をもつ。日頃から子どもの姿を記録し、反省点とともに形として残しておくことが望まれる。

　そして、具体的な日時や場所、ほんのささやかな変化や、わずかな成長発達といった子どもの姿も、形として残しておくことは、子ども理解を深める上で大きな意味のあるものとなるであろう。つまり、保育と子どもを評価することとは、自分の実践した保育活動が適切であったかどうかを見つめなおす機会となると同時に、子どもたちが成長を重ね、保育所・幼稚園を卒園した後にも重要な意味をもつ大切な行為であり、記録なのである。

　また、その場合には子どもを一方的な方向から見るのではなく、できるだけ全人的に把え、理解を深めていくことが大切である。

　子どもは一人ひとりが異なった存在である。与えられた天賦のものは、個々の存在だけがもち得ることのできた宝物といえる。だからこそ、すべての子どもを同じように一方的な方向から理解するのではなく、個々の存在に合わせて全人格的に捉え、それぞれに応じた観点から子どもと接することこそ、子ども理解の原点ではないだろうか。

　適当な思いつきで日々の保育を展開することも、保育を実践した後で評価・反省をすることなく終了してしまうことも、どちらも間違いであり、有効な保育活動には結びつかない。

　子どもと保育者にとって効果的で適切な発達を促すためには、計画と評価がそれぞれ関連性をもち、また、同じ場所にとどまったり、毎年の繰り返しだけになることのないように、子どもと社会の日々進化に合わせての対応をしていくことも重要である。

　子どもを理解することとはすなわち、子どもと時間を共有し、その中から自分の保育に関しての目的と目標を描きながら、一人ひとりの成長と発達を理解することに他ならない。それこそが保育者が常にもち続け、忘れることなく実践しなくてはいけない理想の姿なのではないだろうか。

【参考文献】

谷田貝公昭・石橋哲成監修、大沢裕・髙橋弥生編著『新版 保育内容総論』(コンパクト版保育者養成シリーズ)一藝社、2018年

汐見稔幸、大豆生田啓友編『保育者論』ミネルヴァ書房、2016年

柴崎正幸『保育方法の基礎』わかば社、2015年

林邦雄・谷田貝公昭監修、大沢裕・髙橋弥生編『保育者論』一藝社、2011年

谷田貝公昭監修、大沢裕編著『新版 幼児理解』一藝社、2018年

(野末晃秀)

第6章

保育実践における子ども理解

第1節 »» 子どもの行為に現れるもの

▶ 1 子どもという存在

　子どもは大人とは違った存在である。子どもの頃、泥遊びが好きだった人も、チョウや様々な虫を捕まえて遊んだことのある人もいるだろう。しかし、大人になってからも、それらの行動を継続している人は少ない。そういった意味で子どもは、ルソー（Rousseau,J.J., 1712～1778）が主張しているように、子ども時代という特別な時に、特別な感覚をもって過ごしている存在だといえる。

　子どものこのような姿を見かけたことがある。4歳くらいの女児は、登園の道すがら、ランタナ（鮮やかな色の小花が集まり丸く咲く常緑花木）にとまったアゲハチョウに気づき、見とれていた。一緒にいた母親はバス停に向かって急いでいたので、「そんなのいいから」と手を引っ張って急がせていた。子どもは、もっと見ていたいという表情をしながら母親についていった。

　よくある登園の一場面だと思う。この時、子どもにはチョウがどう見えていたのだろうか。子どもには、その時その瞬間の出来事が輝いて見えているのだと考える。しかし大人は、そうした美しい瞬間を、ルールや時間などに縛られて見えなくなってしまっていることが少なくない。

▶ 2　保育を志す者として

　もし子どもがチョウを見つけたのが保育中なら、あなたならどのように行動するだろうか。保育者なら、その瞬間を一緒に喜んであげたいと思うのではないか。保育の素晴らしいところは、保育者が、子どもの心の動きに寄り添い、そういった子どもの発見や驚きや喜びにとことん付き合えるところなのだと考える。

　では、子どもの興味や関心に、とことんつき合うには何が必要だろうか。それは、保育者のものごとへの知識や、出来事へのひらめきである。以下の写真を見て、付随した質問に答えてみよう。

　写真に付随した質問に回答することは、できただろうか。もっと多くの知識や考えやひらめきがあった人もいるだろう。日常の出来事に対して、どれだけ色々なことが連想できるか、保育につなげられるか、それ

このチョウの名前
は何？

どんな歌を思い
うかべる？

どんな製作活動に
つなげられる？

この花の名前は？

（筆者提供）

があなたの保育力であり、心の引き出しなのである。

　保育を志す人に思い出してほしいことがある。自分の子ども時代は、何で遊んでいたか、何に夢中だったのか。そして、子ども時代に大好きだったものごとに、もう一度触れてみてほしい。子どもと同じことを行なってみること、できれば、子どもと共に味わってみること、それこそが、子どもの理解につながる道筋ではないだろうか。

第2節 »»» 遊びの理解

▶ 1　子どもの遊びとは

　「遊び」とは、正確には何を指すのだろうか。子どもにとっての「遊び」は、定義できるものだろうか。

　ヴィゴツキー（Vygotsky, L.S.,1896〜1934）は、ルールのある遊びこそ「遊び」であると考えた。しかし、0歳の子どもであっても、遊びに類

（筆者提供）

することをしているのだと考える教育者も存在する。このように、人は
それぞれの価値観で「遊び」を捉えているといえる。

　自分の手をジッと見ていることも「遊び」に含まれると考えるなら、
遊びとは、実に多種多様なものだといえよう。読者であるあなたは、何
をもって「遊び」とするのかを、考えたことがあるだろうか。「自分に
とっての遊びとは何か」をぜひ考えてみてほしい。

▶ 2　子どもの発達とは

　ひとくちに「発達」といっても、学校の授業では実に様々な発達につ
いて学ぶ。例えば、小児栄養なら咀嚼や嚥下、小児体育なら筋肉の動
き、発達心理学なら子どもの心理的な発達の道筋といった具合である。
それら1つひとつの専門的な学びは重要である。しかし、生き生きと息
づく子どもたちへの保育は、教科書通りにはいかないものである。

　もちろん、子どもと共に行なう遊びを考えるときも、「発達段階に合わ
せて立案しましょう」と言われるはずである。しかし、懸命に考えて指導
案を書いてみたとしても、実際の保育現場では、子どもの発達について
悩むことだろう。

　なぜなら、子どもが低年齢であればあるほど、発達の個人差は大きく
なり、年齢に焦点を当てただけでは、遊びがうまくいかないという難し
さがあるからである。一方、ルールのある遊びを理解できるとされる4
〜5歳児であっても、それぞれの子どもで理解の深度が違い、遊びがス
ムーズに行かない場面も見られる。さらには、ルールをめぐってけんか
が始まったりするのである。

　保育学生は、実習等で実際に子どもと触れ合い、思ったような保育が
できなかったというような経験をし、そうして初めて知識と実践が統合
されるのである。その意味では、「習うより慣れろ」という諺も有用
だろう。ぜひ実習という機会以外にもボランティア等で子どもと触れ合
う時間を意識的につくり、経験値を上げてほしいと思う。

►3　遊びの理解と支援とは

　子どもの遊びを、どう理解すればよいのか。また、どう理解し、支援していけばよいのかが、最も悩ましい部分ではないだろうか。まずは、子どもたちの年齢に合わせたスタンダードな発達を知っておく必要がある。つまり、第2項に挙げた、保育士養成校の各教科における発達段階を覚えておくことが、基礎知識となる。

　さらに、月齢差や男女差、保育年数など様々な差異により、子どもたちの発達は違っている。標準の姿をある程度思い浮かべられるようになれば、目の前の子どもの姿との比較もできるわけである。

　描画を例にとると、3歳児であればしっかりとした線で丸を描き、中に点々をつけたりできるようになる。その絵は顔と考えることもできるし、みかんと捉えることもできる。子どもたちはただ楽しくて描いている時もあれば、何かを描こうとしている時もあるだろう。

　そうした時、保育者は子どもたちの表現を批評する人になってはいけない。保育者は、子どもたちが自由に楽しく描けるように支援する存在なのである。具体的には、様々な風合いの紙や多色のクレヨンを用意する支援をしたり、「きれいな色だね」「力強い線だね」と認めたりする存在であってほしい。

　そのように考えれば、遊びの支援がどうあるべきかが見えてくるのではないだろうか。

　わかりやすくいえば、表現の批評とは、小学校における成績のようなものである。例えば、就学前であればかけっこが速い子だが、就学後は体育の点が高い子となる。そのように、目の前で行なわれていることに点数をつけるような保育は、保育の本当の価値を見失っているといえるだろう。

第**3**節 »»» 子どもに共感できる保育者のまなざし

▶1　子どもの行動の理由（低年齢児）

　低年齢児の保育を行なってみた時、コミュニケーションが難しいと感じるかもしれない。低年齢児は泣いていても、その理由は教えてくれないからである。言語でのコミュニケーションに頼ることができないので、身ぶり、手ぶり、表情、視線など、様々な「非語言コミュニケーション（non-verbal communication）」から、低年齢児の心理を読み取る作業が、必要になる。低年齢児に寄り添った保育を行なうためには、この非言語コミュニケーション能力が不可欠なのである。

　例えば、低年齢児クラスで、何度も同じ絵本を読んで欲しいともってくる子どもがいたとする。あなたなら、なぜ同じ絵本をもってくるのか、その背景を考えることができるだろうか。

　同じ絵本をもってくる子どもは、同じ保育者に読んでもらいたがったり、別の保育者に読んでもらいたがったりする。声のトーンやセリフの言い回しなどで、読んでくれる大人の存在を楽しみ、安心感を得ていると考えられる。すっかり暗記しているのか、本の内容をはしょって読んだら子どもに叱られることもある。絵本を通して、大人とコミュニケーションをとりたいのだということが理解できる。

　子どもの行動の意味を考える、その努力こそが、子どもへの共感につながるのである。

▶2　子どもの行動の理由（年長児）

　興味深いことに「好きな年齢のクラスを選んで保育してよい」と言われると、保育経験の浅い人ほど、5歳児のクラスを選びがちである。なぜなら、年長児は園の中でも最も小学生に近く、口頭で言ったことが伝

わる年齢だからである。年長児の考えることや行動が読みやすく、保育者にとって共感しやすいだろう。

　しかし、年長児でも不可解な行動をとることがある。ある園の園長はこんな事例を話してくれた。卒園式の練習にかたくなに出ようとしない男児の話である。あれこれ担任が誘ってみても、全く応じようとしない。ある時、じっくり話を聞いてみたところ、なぜ卒園式の練習をしたくないのか、教えてくれたという。練習がつまらないからでもなく、時間が長いからでもなく、なんと「卒園したくない」からだったのである。その答えを聞いて、保育者たちは涙したという。子どもの行動には意味があるのだということが、よく分かる事例である。

▶3　保育実践の中から考える

　実習において保育学生に意識してほしいことは、「子どもに何かを教えよう」としないでほしいということである。「ねらい」をもって子どもに関わることは大事である。だが、それに捉われることなく、子どもの自然な行動をよく観察することが、もっと大切なのである。子どもの行動の意味を考えてみること、すなわち「教える」のではなく「子どもから学ぶ」という姿勢である。

　ある実習生の体験を紹介したい。実習生が配置された5歳児クラスには、発達に遅れのある男児がいた。担任の保育者が絵本の読み聞かせをしている時のことである。他の子どもは皆、自分の椅子に座って聞いているが、その子は椅子に座らず、保育に参加していないように見えた。実習生はその様子をみて、「どうすれば保育に興味をもってもらえるのか」と、担任の保育者に質問したという。

　保育者はこう答えた。「あの子が保育に興味をもっていないと思ったのね。私はそう思わないの。だって、保育室から出ていかないでしょう。彼の目はどこを見ていたか、わかる？　確かに座ってはいなかったけど、遠くから絵本をちゃんと見ていましたよ」

　保育者の言葉を聞いた実習生は、子どもの行動だけを見るのではなく、その子の興味関心がどこにあるのかを見るべきだった、と日誌の考察に書いている。男児の姿をよく観察すれば、じっと座っているのは苦手でも、絵本は見たいという気持ちを汲み取ることができたであろう。もし絵本の世界を楽しむことが保育のねらいであったなら、その男児も含めて、このクラスの全員が保育に加われていたと、判断できる。

　この事例のように、保育現場では、子どもがなぜそのような行動をしているのか分からない場面が出てくるであろう。自分ならどう対応しただろうか、対応できるだろうかと悩む場面も出てくると考える。そのような疑問や自問自答こそが大切なのである。

　事例の実習生は、疑問に感じたことを質問し、保育者から回答を得て、自分の狭い考え方を修正した。まさに子どもの行動から学んでおり、これこそが、実習における生きた学びなのではないだろうか。謙虚な気持ちで子どもの姿から学ぶ、そういう姿勢をもって保育にあたってほしいと考える。

【参考文献】

石村華代・軽部勝一郎編著『教育の歴史と思想』ミネルヴァ書房、2013年

佐藤公治『保育の中の発達の姿』萌文書林、2008年

中坪史典『子ども理解のメソドロジー』ナカニシヤ出版、2015年

（山本陽子）

第7章

子ども理解と養護

第1節 »»» 「子ども理解」について考える

► 1 権利者としての子ども

「子ども理解」について、ここでは権利の主体としての子ども、「子どもの権利」という視点から考えてみたい。

「子どもの権利」といえば、「児童の権利に関する条約（子どもの権利条約）」が挙げられる（1989年に国連で採択、1990年に発効。わが国は1994年に批准）。これは、①生きる権利、②守られる権利、③育つ権利、④参加する権利の4つの柱からなる条約である。

大きな特徴として、受動的権利（子どもが大人から保護や支援など何かをしてもらう権利）に加えて、能動的権利（子ども自身が権利を行使する主体として何かをする権利）が規定されている。能動的権利の具体例には、意見を表明する権利（第12条）、表現の自由（第13条）、思想、良心および宗教の自由（第14条）などがある。

「子どもの権利」の視点からみると、日常の保育の中で、子どもが受動的権利と能動的権利を行使する場面がいくつも思い浮かぶはずである。

一方で、保育者が権利を誤って解釈していることもある。例えば、子どもへの過度な支援や援助は、子どもを権利の主体者と捉えていても不適切な場合がある。特に、障害のある子どもに対して、「障害」という言葉が先行して、「子どものために」と、保育者が何でもしてあげなければならないという認識に陥ってしまうことがある。

　保育者は、今を大切にするだけでなく、子どもの次のライフステージを見据えることも時には必要である。

　残念ながら、わが国は子どもの能動的権利に対する意識が低いことも指摘されている。言い換えれば、能動的権利という視点が、まだ浸透していないことを意味する。

　保育の現場における子どもの声や表現は、時として、その日の保育の内容を変えてしまうだけの力をもっている。それこそ、子どもが能動的権利を使っていることであり、そこから活動に対する自信や展開に向けた意欲の高まりへとつながっていくのである。

　ただし、すべてを子どもに任せても良いかというと決してそうではない。子どもの適切な成長発達を促していくには、こうした視点を考慮しつつ、保育者による環境構成が重要となってくる。

▶ 2　子どもの権利から考える子ども理解

　「子どもの権利」から「子ども理解」を考えると、今までの保育とはまた別の視点から、子どもの姿を捉えることができる。乳幼児期は、その権利擁護自体を大人に委ねている。つまり、大人（保護者・保育者）の存在が、子どもの成長発達に大きく関わっている。「子どもの権利」を如何に尊重し、代弁できるかで、子どもの成長発達は大きく異なる。

　何よりも、「子どもの視点に立つ」ということである。よく耳にする言葉であるが、この言葉がどれだけ専門的な技巧が必要であるかを理解しておくべきである。「子どもの視点に立つ」とは、各年齢児の成長発達に基づきながら、さらに一人ひとりの子どもの特性、親子関係、家族構成などを把握したうえで、「子どもの最善の利益（the best interest of the child）」について考えることである。つまり、子どもが10人いれば、10通りの「子どもの視点」があるということである。

第2節 »»» 「養護」について考える

► 1　「養護」とは

　そもそも「養護」とは何か。言葉本来の意味では「①危険がないように保護し育てること。②学校教育で、児童・生徒の健康の保持・増進に努めること。③心身障害または社会的な理由で特に手当を必要とする者を保護し助けること」（『広辞苑（第7版）』）である。しかし、保育における「養護」は、これらの意味を含みつつ、「子ども理解」と結びつけることで、より専門的な対応が問われることとなる。

　「養護」について深く考えていくうえで、特に保育所保育士に焦点を当てる。その理由に職務の多様性が挙げられる。乳児院、児童養護施設などの社会的養護関連施設、また、障害児入所施設、児童発達支援センターなどの療育に関わる施設では、保育士の配置が定められている。

　どの職場でも「養護」が求められる。一方で、すべての職場で同じような「養護」ではない。それぞれの施設等での子ども（もしくは保護者）の置かれている立場によって異なってくるからである。例えば、保育所は、家庭生活を軸にその連続性を意識した養護（補完）であり、児童養護施設は、家庭生活そのものを意識した養護（代替）である。「養護」という姿勢は共通しているが、その概念や質は異なるのである。

► 2　保育における「養護」

　次に、保育における「養護」について考えてみる。「保育所保育指針（以下、保育指針）」では、「養護の理念」を次のように示している。

> 　保育における養護とは、子どもの生命の保持及び情緒の安定を図るために保育士等が行う援助や関わりであり、保育所における保育は、養護及び教育を一体的に行うことをその特性とするものである。保育所における保育全体

を通じて、養護に関するねらい及び内容を踏まえた保育が展開されなければ
ならない。 (第1章-2-(1))

　また、保育における「養護」として、保育指針は、「生命の保持」と
「情緒の安定」の2つを挙げており、さらに、それぞれのねらいと内容
について次のように定めている。

ア 生命の保持

　（ア）ねらい

① 一人一人の子どもが、快適に生活できるようにする。

② 一人一人の子どもが、健康で安全に過ごせるようにする。

③ 一人一人の子どもの生理的欲求が、十分に満たされるようにする。

④ 一人一人の子どもの健康増進が、積極的に図られるようにする。

　（イ）内容

① 一人一人の子どもの平常の健康状態や発育及び発達状態を的確に把握し、
　異常を感じる場合は、速やかに適切に対応する。

② 家庭との連携を密にし、嘱託医等との連携を図りながら、子どもの疾病
　や事故防止に関する認識を深め、保健的で安全な保育環境の維持及び向
　上に努める。

③ 清潔で安全な環境を整え、適切な援助や応答的な関わりを通して子ども
　の生理的欲求を満たしていく。また、家庭と協力しながら、子どもの発
　達過程等に応じた適切な生活のリズムがつくられていくようにする。

④ 子どもの発達過程等に応じて、適度な運動と休息を取ることができるよ
　うにする。また、食事、排泄、衣類の着脱、身の回りを清潔にすること
　などについて、子どもが意欲的に生活できるよう適切に援助する。

(第1章-2-(2))

イ 情緒の安定

　（ア）ねらい

① 一人一人の子どもが、安定感をもって過ごせるようにする。

② 一人一人の子どもが、自分の気持ちを安心して表すことができるように
　する。

③ 一人一人の子どもが、周囲から主体として受け止められ、主体として育ち、自分を肯定する気持ちが育まれていくようにする。

④ 一人一人の子どもがくつろいで共に過ごし、心身の疲れが癒^{いや}されるようにする

（イ）内容

① 一人一人の子どもの置かれている状態や発達過程などを的確に把握し、子どもの欲求を適切に満たしながら、応答的な触れ合いや言葉がけを行う。

② 一人一人の子どもの気持ちを受容し、共感しながら、子どもとの継続的な信頼関係を築いていく。

③ 保育士等との信頼関係を基盤に、一人一人の子どもが主体的に活動し、自発性や探索意欲などを高めるとともに、自分への自信をもつことができるよう成長の過程を見守り、適切に働きかける。

④ 一人一人の子どもの生活のリズム、発達過程、保育時間などに応じて、活動内容のバランスや調和を図りながら、適切な食事や休息が取れるようにする。

（第1章-2-(2)）

　以上のすべての「ねらい」に「一人一人の子ども」と記されていることに、気がついただろうか。保育における「養護」では、保育士に「一人一人」の子どもに応じたきめ細やかな対応が求められている。そのために、第1節の「子ども理解」が重要であり、「子ども理解」が深まることで、子どもへの「養護」の質が、より一層向上すると考えられる。

　何より、「養護」の主体は誰なのかを明確にしておくことが大切である。全国社会福祉協議会・全国保育士会は、「養護」について、「子どもが心身ともに心地^{ここち}よいと感じる環境を整え、子ども自身が主体的に育つことをたすける営み」（全国社会福祉協議会・全国保育士会、2016）としており、保育士には子どもを主体とした「養護」が求められている。

▶ 3　幼稚園における「養護」

　保育所、幼保連携型認定こども園、幼稚園は、乳児または幼児期の教

育（幼児教育）および保育を行なう役割を担っている。ただし、対象となる子どもの年齢（保育を必要とする認定）が異なっている。保育所や幼保連携型認定こども園の対象は乳児からである。また、保育時間も原則8時間（最長11時間）であることから、生活という側面において「養護」がより重要視される。

　もちろん、年齢が上がるにつれて「養護」の必要性がなくなる、というわけではない。保育は「養護と教育が一体となって展開される」。時には「養護」を基盤として「教育」が展開されることもあれば、その逆もある。互いに関連し、重なりながら日々の保育が営まれている。

　「養護」と「教育」の関係は、幼稚園でも同じである。それを示すように、幼稚園教育要領には「教師は、幼児との信頼関係を十分に築き、幼児が身近な環境に主体的に関わり、環境との関わり方や意味に気付き、これらを取り込もうとして、試行錯誤したり、考えたりするようになる幼児期の教育における見方・考え方を生かし、幼児と共によりよい教育環境を創造するように努めるもの」（第1章-第1）と記されている。

　これは、「幼稚園教育の基本」であり、幼稚園にも「養護」が求められていることがわかる。指針や要領は、保育者にとって重要であるが、記載の有無だけにとらわれず、目の前の子どもに必要なことをぜひ考えてもらいたい。

第3節 >>> 子ども理解と養護について考える

▶ 1　事例から読み解く

　ここでは、「子ども理解」と「養護」を、実際の保育現場の事例に照らし合わせながらみていく。

【事例】

　あるこども園での自由あそびの様子である。3 歳児 Q が保育室で大きな木製ブロック（以下、ブロック）を重ねる遊びをしていた。Q は 1 個ずつブロックを置くたびに、自分の身長に近づいてくるのがわかり、自分の肩までくると、ブロックを置いては自分の身長と比べ、首を傾げて、またブロックを置くということを繰り返していた。すると、Q の遊ぶ姿をじーっと見ていた 3 歳児 R も、Q と同じようにブロックを置き始めた。二人の間に会話はなく、黙々と自分のブロックと向き合っていた。お互いにブロックを使うため、どんどんブロックの数も減っていく。そして、Q は近くにあった椅子を使い、ブロックを置き、自分の身長より大きくなったものを見上げ、笑顔で園庭にいる担任の先生を呼びに行く。一方、R はまだブロックを置いており、ブロックの数も残りわずかであった。とうとうブロックがなくなったが、R がつくっているものは R の身長よりも小さかった。すると、R は Q が使っていた椅子に立ち、Q のつくったものからブロックを 1 個取り、自分のブロックにしてしまう。担任の先生を呼んで戻ってきた Q はちょうどその場面に出くわし、せっかくできたものを壊されたことで、R とけんかが始まってしまった。

　この【事例】からは、3 歳児 Q と R が、それぞれ思い思いに遊んでいる姿が見て取れる。遊びに夢中になれるのは、子どもがその環境に安心感を抱いているからである。

　また、Q がブロックを完成させて、担任の先生を呼びに行くのも、自分の気持ちを受け止めてほしい、肯定してほしいという気持ちがある。保育者は、その子どもの気持ちとどう向き合うのかが「養護」として求められている。

　さらに、【事例】の最後には、Q と R のけんかが始まってしまっている。けんかは良くないものという認識をもちがちであるが、けんかの場面こそ、他者へと意識を向けられる機会とも捉えられる。

　保育は、子どもの生活を継続的に見ていかなければならない。例えば、家庭と保育所（幼稚園・認定こども園）とがつながっていることが理想であり、子どものより良い成長発達とも結びつく。一人ひとりの成長発達

を考慮し、時にけんかをすることで、つまずきや葛藤を支える視点も、保育者はもっておくべきである。それが「子ども理解」ということでもある。

　「子ども理解」と「養護」は相互で深め、高め合うことができる。そこには、保育者の意識が必要である。保育の専門職としての意識を常にもち、また、保育を省察することによって、一人ひとりの子どもに応じることができるようになるのである。

【参考文献】

　数井みゆき、遠藤利彦編著『アタッチメント——生涯にわたる絆』ミネルヴァ書房、2005年

　社会福祉法人全国社会福祉協議会全国保育士会「報告書：養護と教育が一体となった保育の言語化——保育に対する理解の促進と、さらなる保育の質の向上に向けて」2016年

　　https://www.z-hoikushikai.com/about/siryobox/book/gengoka.pdf

　　（2019.11.28最終アクセス）

　社会福祉法人日本保育協会「病児保育、夜間保育、ベビーホテル等の利用実態に関する調査研究報告書」2015年

　　https://www.nippo.or.jp/Portals/0/images/research/kenkyu/h27sick.pdf

　　（2019.11.28最終アクセス）

　全国夜間保育園連盟監修・櫻井慶一編著『夜間保育と子どもたち——30年のあゆみ』北大路書房、2014年

　無藤隆・汐見稔幸・砂上史子『ここがポイント!3法令ガイドブック——新しい『幼稚園教育要領』『保育所保育指針』『幼保連携型認定こども園教育・保育要領』の理解のために』フレーベル館、2017年

（加納史章）

第**8**章

気になる子ども理解と援助

第**1**節 »»» 気になる子ども理解

▶1 「気になる子ども」とは

　保育現場で「気になる子ども」とは「調査時点では何らかの障害があるとは認定されていないが、保育者にとって保育が難しいと考えられている子ども」（本郷ら、2003／中山、2015）である。また、保育者が保育上何らかの課題がある子どもを「気になる子ども」ということもある（久保山ら、2009／矢野、2014など）。そのような「気になる子ども」が近年増加してきているとも言われている（櫻井、2015／榊原、2018など）。また、保育者が挙げた「気になる子」は、4歳児クラスと5歳児クラスにおいて全体の2割以上いて、女児よりも男子の割合が多かった（今中ら、2013）。

　さらに、年長児クラス担当の保育士に、担当児の中で気になると感じる子どもの行動について質問した調査がある（**図表8-1、8-2**）。それによると、不注意、多動性、衝動性、柔軟性の乏しさ、興味の偏りを示す問題行動等が多く挙げられることが示されている（玉井ら、2011）。

▶2　様々な「気になる子ども」

　では、保育者に、「あなたにとって『気になる子ども』とはどのような子どもですか」という質問をした結果はどうであっただろうか。そこで得られた回答は、「発達上の問題」「コミュニケーション」「落ち着き

図表8-1　発達質問紙「行動2」の評価項目別「ある」と答えた人数（n=170）

（「行動2」は、注意欠陥多動性障害の特徴を示す項目として、不注意、多動性、衝動性の行動面の問題を検出する項目4項目と、広汎性発達障害の特徴を示す社会性、対人関係の問題を検出する4項目から構成されている。）

1	何かをしているときにすぐに気が散る	不注意	30（人）
2	椅子に座っていると常にどこかが動いている（じっとできない）	多動性	36
3	話の途中で口をはさむことがある	衝動性①	34
4	友だちに手がでやすい	衝動性②	16
5	子どもの遊びの輪になかなか入ることができない	社会性の問題	8
6	急に予定が変わると混乱する	柔軟性の乏しさ	14
7	興味を示すものが限られる	興味の偏り	13
8	体（手や足底など）にものや人が触るのを嫌がる	感覚の過敏性	3

出典［玉井ら、2011］

図表8-2　気になる子どもと気にならない子どもの違い（発達質問紙「行動2」の「よくある」出現率）

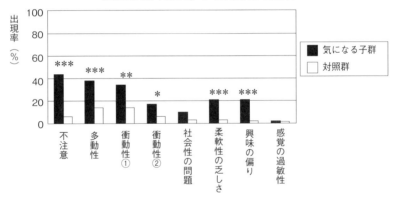

x²検定　＊＊＊p＜0.001　＊＊p＜0.01　＊p＜0.05　（n=170）

出典［玉井ら、2011］

がない」「乱暴」「情緒面での問題」の順であった（久保山ら、2009）。それらは、発達障害が想定されるものから、家庭が不安定で子どもも不安定である場合や、虐待が疑われる場合、そして、アレルギー症状をもつ場合まで、多岐にわたってった。また、子どもは、虐待によって、発達障害と同じような多動行動や衝動コントロール困難など、何らかの問題行動を示すようになるケースが多いという（杉山、2007）。つまり、「気

になる子ども」を一律に捉えるのではなく、その背景に何があるのかを、慎重に捉えていくことが必要になる。

第2節 »»» 気になる子どもの援助の実際

▶ 1　保育上の課題と支援の実際

　では、具体的にどのように「気になる子ども」を保育すればよいだろうか。「気になる子ども」がいる場合の保育上の課題や、現在行なっている支援の実際についての調査結果を紹介する（久保山ら、2009）。保育上の問題としては、「気になる子どもの行動面の課題」「集団活動における課題」（それぞれ2割以上）が多く挙げられていた。また、支援の実際としては「個別の関わり・声かけ」が半数以上を占めていた。

　そして、「気になる子どもに対して、いま、試みていることがあれば書いてください」に対する保育者の自由記述結果は、「個別の関わり・声かけ」（56％）、「けじめ・注意」（10％）、「保育上の工夫」（9％）、「友だちづくり・関係調整」（7％）の順で、その割合は子どもの年齢別で違いが見られた。「個別の関わり・声かけ」による支援は、どの年齢の気になる子どもに対しても最も重要とされているのではあるが、「友だちづくり・関係調整」に関する支援は、年少児よりも5歳児で重要な課題とされている傾向がうかがえた。つまり、子どもの年齢によって気になるところも、保育士の試みも、変化していくのである。

▶ 2　他機関との連携と課題

　では、他機関との連携は、どうであろうか。これについては、障害児では78.1％、気になる子では49.7％で行なわれており、「気になる子」の場合のほうが連携不十分であることがうかがえる（郷間ら、2008）。連

携している機関も、障害児では保健センター・児童相談所・通園施設・療育教室・学校・教育委員会・病院など多岐にわたっているが、「気になる子」では保健所・保健センター・児童相談所のみであった。

　これらの結果から、保育士は「気になる子」の問題を感じているが、保護者の理解が十分でなく、専門機関との連携も不十分で、指導や対応に困難を抱えている実態がうかがえる。保護者との共通理解のもとに、加配保育士の充実や、専門機関との連携などを一層行なうことが求められている。

第3節 »» 事例から考える「気になる子ども」理解

▶ 保育者が子どもを肯定的に見て理解することの重要性

　まず、次の事例を読んで、子どもの望ましい発達を促す保育をしていくために、保育者にとって必要な子どもに対する姿勢や態度、関わり方などについて考えてみよう。

〈事例：S教師の記録より〉

　4歳児Bは、入園してから5月中旬になっても自分の保育室では遊ばず、登園すると、ふらふらと園庭へ出掛けて行ってしまう。他の幼児たちは学級の中で自分の好きな遊びを見付け、安心して遊びを楽しんでいるのに、Bは学級の中に居場所がないように思える。遊んだ経験が少ないのだろうか。さらに、私を避けている様子もある。誘い掛けても無駄という感じがする。

　これらは、新入園児を迎えた頃のS教師の記録です。「ふらふらしているB」が記録の中に毎日のように登場しています。どうやってBと関わったらよいのか、S教師はかなり悩んだようです。なぜ遊べないのか。どうして保育室が嫌いなのか……。とにかく気になるBの行動を何とかしたいという思いから、S教師はある日、Bの歩くとおりに歩いてみることにしました。

　Bと共に動いてみて、S教師は一つの大きな発見をしました。同じ動きをまね

てみて同じ目の高さで見たり、感じ取ったりするうちに、初めて B 自身の感じて
いる世界を見ることができたといいます。アリの行列、赤土の粒、白いものを運
んでいる働きアリ。B の手には花壇の隅に咲いていた黄色いカタバミの花が……。
　「B ちゃんて小さなものでもよく見ているんだ」。S 教師は、自分には見えなかっ
た楽しさを B から教えてもらったように思いました。今までは、捉えどころのな
いふらふらしている幼児として、気に掛かる存在でしたが、だんだん「何とかわい
いい」と、思えてきたのです。B が見付けた小さな花を保育室に生けたりしながら、
S 教師と B の間のぎこちない関係がとけていったのです。そして、S 教師の心の
中で B の存在が、好奇心に満ちて行動している姿に変わっていったようです。

出典［文部科学省、2019］を基に一部変更

　この事例のように、保育者が、子どもを肯定的に見ようとすることで、
子どもの視点や長所、そして可能性を捉えることができるだろう。また、
子どもへの理解を深めることで、それまで「気になる子ども」だったの
が、そうではなくなることもあるといえよう。

　保育士は、気になる子どもの「気になる部分」にばかり目が向いてし
まうことのないように気をつけていかなければならない。そのために、
保育記録をとることが必要である。なぜなら、保育記録をもとに保育カ
ンファレンス等で他の保育者の見方や意見も知ることができ、多角的・
多面的に捉えていくことができるからである。自分の保育の質を高めて
いくためには、他の保育者の意見を素直に受け止めて、自分の見方や保
育を柔軟に変えていこうとする姿勢をもち続けることが大切である。
（文部科学省、2019）。

第4節 »»» 気になる子どもと国際化

► 1　海外から帰国した幼児や日本語習得の難しい幼児への援助

国際化の進展に伴い、「気になる子ども」も国際化の影響を受けてい

る。幼稚園教育要領と認定こども園教育・保育要領では、海外から帰国した子どもや生活に必要な日本語の習得に困難のある子どもの園生活への適応について、次のように書かれている。

> 海外から帰国した幼児〔園児〕や生活に必要な日本語の習得に困難のある幼児〔園児〕については、安心して自己を発揮できるよう配慮するなど個々の幼児〔園児〕の実態に応じ、指導内容や指導方法の工夫を組織的かつ計画的に行うものとする。
>
> (それぞれ「第1章総則」第5〔第2〕)

　これらの幼児の多くは、異文化における生活経験等を通して、我が国の社会とは異なる言語や生活習慣、行動様式に親しんでいる。このため、在留国や母国の言語的・文化的背景、滞在期間、年齢、就園経験の有無、さらには、家庭の教育方針などを把握して、適切に配慮していかなければならない。

▶ 2　海外から帰国した幼児への援助

　「帰国子女」の定義は、海外勤務者等の子女で、引続き1年を超える期間海外に在留し、(年度間＝4月1日から翌年3月31日まで)帰国した児童・生徒をいう(総務省統計局、文部科学省)。この定義に、未就学児は入らない。前項でも述べた通り、幼稚園教育要領と認定こども園教育・保育要領には、「海外から帰国した幼児(園児)」に配慮が必要であると書かれているが、「帰国子女」という言葉はない。

　保育所保育指針には「帰国」という言葉もない。実際には1年を超える期間海外に在留していた日本人が、帰国後すぐに子どもを保育所に通所させることは大変困難である。なぜなら、住民票がない地域の保育所には原則として申し込むことができず、申し込み前に必要とされていることが多い事前見学も困難だからである。海外から申し込める場合もあるが、多くの自治体は地元民優先のため、待機児童のある地域であればなおさら困難となる。

　さらに、子どもの適応問題が生じることがある。国が違えば、言語も

文化も環境も異なる。戸惑うことも多く、それによってストレスを感じて、不適応状態に陥ることもある。保育士は、帰国して入園してきた子どもと保護者への、個別の温かい配慮を忘れてはならない。

► 3　外国籍の子どもへの援助

　日本に暮らす在留外国人が年々増加している中、5歳以下の外国籍児も年々増加している。外国籍児の保育をしている現場では、言葉や生活習慣、価値観、常識、宗教等の違いから、特別な対応を必要とすることも多く、トラブルが生じてしまうこともある。

　保育所保育指針と認定こども園教育・保育要領には、「外国籍家庭など、特別な配慮を必要とする家庭の場合には、状況等に応じて個別の支援を行うよう努めること」（それぞれ「第4章 子育て〔の〕支援」2〔第2〕）と書かれている。近年、5歳以下の外国籍児数が増加し続けており、各保育機関と各自治体、そして国と協力して受け入れ体制を整えていくことも必要である。

　外国籍児の保護者とのコミュニケーションでは、難しい状況が続くことも多い。保育所だけで問題を全て抱えることは難しい。そこで、保育所の依頼に応じて、「外国人相談員」を派遣できるようにする地域が多くなると、円滑に意思疎通ができ、トラブルも生じにくくなるであろう。

　「言葉の壁」から、外国籍の保護者が日本人の保育者に不信感を抱いてしまうと、子どもたちにも不安感を与え、国際的な問題にまで発展してしまうことになりかねない。外国籍児とその保護者にも温かく関わり、日本で平和の大切さを学び、他者を思いやる心を培った子どもたちが世界に広がっていくことは、地球規模で大変望ましいことである。

【引用・参考文献】

今中博章・高橋実・伊澤幸洋・中村満紀男「保育者の『気になる子』という認識と子どもの行動に関する調査」『福山市立大学 教育学部研究紀要』2013年、1、pp.7-14

久保山茂樹・齊藤由美子・西牧謙吾・當島茂登・藤井茂樹・滝川国芳「『気になる子ども』『気になる保護者』についての保育者の意識と対応に関する調査——幼稚園・保育所への機関支援で踏まえるべき視点の提言」『国立特別支援教育総合研究所研究紀要』36、2009年、pp.55-76

郷間英世・圓尾奈津美・宮地知美・池田 友美・郷間安美子「幼稚園・保育園における『気になる子』に対する保育上の困難さについての調査研究」『京都教育大学紀要』2008年No.113、pp.81-89

榊原久子「〈研究ノート〉『気になる子』の理解と幼児期の終わりまでに育ってほしい10の姿の一考察」『川口短大紀要』32、2018年、pp.189-196

櫻井慶一「保育所での『気になる子』の現状と『子ども・子育て支援新制度』の課題——近年における障害児政策の動向と関連して」『文教大学生活科学研究』37、2005年、pp.53-65

杉山登志郎「子ども虐待という第四の発達障害」ヒューマンケアブックス、学研、2007年

玉井ふみ・堀江真由美・寺脇希・村松文美「就学前における『気になる子ども』の行動特性に関する検討」『人間と科学』(県立広島大学保健福祉学部誌)11(1)、2011年、pp.103-112

中山智哉「保育現場における『気になる』子どもに関する研究動向と展望——子どもの保育、保護者支援、保育者支援の視点から」『九州女子大学紀要』第52巻1号1、2015年、pp.1-16

法務省「国籍・地域別　年齢・男女別　総在留外国人」『在留外国人統計』
http://www.moj.go.jp/housei/toukei/toukei_ichiran_touroku.html（2019年8月）

本郷一夫・津江幸則・鈴木智子・小泉嘉子・飯島紀子「保育所における『気になる』子どもの行動特徴と保育者の対応に関する調査研究」『発達障害研究』2003年、25、pp.50-61

文部科学省「幼児理解に基づいた評価」(p15)
http://www.mext.go.jp/a_menu/shotou/youchien/07121724/__icsFiles/afieldfile/2019/05/15/1296261_1.pdf（2019年8月）

矢野正「『気になる子ども』の理解と援助」小野圭子・矢野正編著『障害児の理解と支援』嵯峨野書院、2014年、pp.81-90

厚生労働省「保育所保育指針〔平成29年告示〕」2017年

文部科学省「幼稚園教育要領〔平成29年告示〕」2017年

内閣府・文部科学省・厚生労働省「認定こども園教育・保育要領〔平成29年告示〕」2017年

（高岡昌子）

第9章

障害のある子どもの理解と援助

第**1**節 ≫≫ 保育における障害のある子どもの理解

► 1 「保育的関係」を築くということ

保育者は、保育の中で子どもを理解し、援助し、育ちを支えていく役割がある。しかし、障害のある子どもに出会うと、理解に悩み、どんな援助をすればよいか戸惑う保育者もいる。

定型発達の子どもと比較すると、障害のある子どもの発達の姿は異なって見えるかもしれない。だがそれが、子どものありのままの姿なのである。保育者が戸惑ったままで、子どもは、保育者に信頼をよせることができるだろうか。保育者は子どもの育ちを支えていけるだろうか。

津守眞は、障害のある子どもとの保育実践を通して、子どもと大人との関係を「保育的関係」と表現し、この関係の中で子どもは育つと述べる（津守、2001）。そして、その関係を「出会うこと」「交わること」「現在を形成すること」「省察」の4点から、考えている。つまり、保育者が子どもと出会い、子どもと交わっていく過程で、子どもは保育者に理解されることを通して成長していくと説いている。

子どもは、障害のあるなしにかかわらず、育つ。大人に愛され、のびのびと自分の心を表現できることで、その育ちは保障される。障害のある子どもを理解する作業は、容易ではないかもしれない。しかし、その子どもを理解しようとする姿勢を保持し、丁寧で、継続的な保育のいとなみを行なうことで、その子どもと保育的関係を築くことができる。

▶ 2　障害のある子どもの理解

　障害のある子どもの理解のための４つの理解（①子ども理解、②障害理解、③発達理解、④子どもを取り巻く環境の理解）について、述べていく。

(1)　子ども理解

　障害のある子どもの保育で、保育者が戸惑う理由の一つとして、障害の診断のある子どもに関わったことがないという経験不足や、障害の診断名を聴き、自分は専門家ではないから理解できないかもしれないという感情をもったりすることが挙げられる。

　事例を紹介する。保育所の年少クラスに入園したダウン症のＰちゃん（３歳女児）のクラス担任となったある保育者もそうであった。Ｐちゃんは、生後すぐにダウン症の診断を受け、知的障害もある。担任になった保育士は、入学前に、母親からＰちゃんの成育歴や、専門機関で受けている療育などの様子を聴いたとき、自分に保育ができるのかと心配になったという。ダウン症の子どもの保育は、初めての経験だったからである。

　しかし、入園後、Ｐちゃんとの関わりを通して理解が深まっていくことを、その保育士は実感したという。その理解をもとに、Ｐちゃんの成長のために保育の中でできる援助をすることができるようになった。

　保育の中で子ども理解を深めるためには、診断名を通して子どもをみるのではなく、まずは「一人の子ども」としてみるまなざしをもつことが基本である。そのうえで、子どもが抱えている障害や発達への理解につなげていくことが大切になる。

(2)　障害理解

　では、子どもが抱えている障害を、どのように理解すればよいだろうか。もちろん、子どもがもっている障害については書籍等で調べる方法もある。だが、保育の中で理解する方法は、その子どもとの出会いが主となる。子どもと出会い、保育的関係を築くこと、そして家族との関係

を構築し、連携すること、さらに、子どもが支援を受けている専門機関等の支援者と連携することを通して、理解を深めてほしい。

　一例として、知的障害を伴う自閉症の Q くん（5 歳男児）と、担当保育者 N 先生の事例から考えてみたい。

　N 先生は、母親から「Q の自閉症の障害特性を理解してほしい」という要望を受けた。母親は、Q くんの子育てをする中で、多くの苦悩に出会ってきた。Q くんはじっとすることが苦手で、気に入らないことがあると大声で泣き叫んだり、パニックになることも日常的だったという。

　Q くんを理解する上で必要だったことは、「Q くんの自閉症を理解する」ということだった。N 先生は、母親のこれまでの子育てを通して経験したことに耳を傾け、「私も Q くんの自閉症を理解したい」と強く感じたという。そこで、まずは母親との対話を重ねた。Q くんがこれまで利用してきた専門機関で受けた相談や、療育の情報、母親の子育てについて、じっくりと聴いた。

　また、P くんが、保育所に週 3 日通う以外に通所している、児童発達支援センターで療育を受けている様子を見に行ったり、児童指導員、言語聴覚士から話を聴いたりした。さらに、自閉症支援の知識や技術を得るための研修会にも参加した。

　N 先生が Q くんと母親との出会いをきっかけに、様々な情報を得るために行動したことで、Q くんの保育内容や保育環境の改善を行なうことができた。そのことで、Q くんの笑顔が増え、生き生きと自分の心を表現できるようになっただけでなく、Q くんの得意なことやできる遊びが増えていった。

　このように、保育における「障害理解」とは、単に、障害名・診断名を理解することではなく、その子どもの親や専門家との具体的な関わりを通して理解していく作業が大切なのである。

(3) 発達理解

　障害のある子どもの発達は、定型発達の子どもと比較すると、遅れて

いたり、発達が偏っていたりする。発達検査を実施すると、子どもの発達レベルがプロフィールで示されたり、発達年齢として生活年齢よりも低い数値が示されたりする。このような検査結果は、子どもの発達の遅れやできない部分を指摘している。

　もちろん、こうしたフォーマルな検査の結果も、子どもを理解する上では必要である。だが、保育における発達理解は、それとは異なる視点をもっておくことが大切である。

　では、どのような視点をもてばよいのだろうか。まず、基本となることは、今の発達段階にあることが、子どもの現在の姿であることを認め、ありのままに受け容れるということである。その中で、「できないこと」ではなく、「できそうなこと」を見つけていくことが大切である。

　また、「できないこと」に注目するのではなく、「できていること」や「得意なこと」等、子どもの目や心が輝く瞬間、その姿を見つけ出すことである。子どもがもっている可能性を最大限に引き出すためには、保育実践を通して、こうしたまなざしを向けていくことが必要である。

(4) 子どもを取り巻く環境の理解

　子どもは、環境との相互作用の中で育つ。その中で最も身近な環境は、家庭であろう。保育では、子どもの家庭と家族を理解する作業も必要である。また、保育所に通っていればクラスの環境（物的環境だけでなく、担任の理解や友人関係）も、子どもの身近な環境といえる。もっと広く考えると、地域社会の環境も含まれるだろう。

　このように、子どもを取り巻く様々な環境を理解する視点をもつことで、子どもの障害や発達が抱えている課題は周囲の環境との相互作用の中で生じている、ということが理解できることがある。

　特に、幼児期は家庭環境が大きく影響を与えると思われる。家族のメンバー（父、母、きょうだい等）と、子どもとの関係や家族が抱える課題等、家族理解を深めておくことも求められる。

第2節»»» 障害のある子どもを理解する方法

▶1　子どもと家族との出会い

　保育の中で、障害のある子どもをどのように理解すればよいだろうか、ここではその方法について述べていく。

　保育者が初めて担当する子どもと出会うとき、どのような感情をもつだろうか。「どんな性格の子どもかな」「どんな遊びが好きかな」「どんな遊びを一緒にできるかな」等、わくわくした気持ちが、必ず生じるだろう。障害のある子どもと出会うときも、このような感情を、大切にしてほしい。子どもと出会い、具体的な関わりを通して、その子どもの理解を深める作業をしてほしい。

　また、家族との出会いも大切にしてほしい。家族から、子どものことを聴くことは、子ども理解をするうえで、非常に大切になる作業である。家族が子どもと共に生きてきた数年間を知るために、子どもが生まれてからこれまでの過程にしっかり耳を傾けてほしい。

▶2　子どもの情報を整理する

　障害のある子どもを理解するために、子どもの様々な情報を整理していくことを試みてほしい。ここでは、障害のある子どもの情報を整理するための項目と内容を示した（**図表 9-1**）。

　これらの情報は、子どもと家族との出会いから、1か月以内に作成するとよい。近年は、保育所・幼稚園・認定こども園において、障害の診断のある子どもについて個別支援計画の作成をするようになった。子どもの情報を整理しておくことも、障害のある子どもの理解には必要になってくる。

図表9-1　障害のある子どもの情報を整理するための項目と内容

項目	内容
障害の状態の理解	診断名、疾患、医学的観点からの理解
成育歴・治療および療育歴の把握	生まれてからこれまでに利用した病院や、福祉サービスの把握 利用機関で受けてきた治療やサービス内容
コミュニケーションの手段や状態の理解	コミュニケーションをとる方法（言語か非言語か、その方法について）
発達の状況の理解	言語理解の程度、知的障害の有無と程度、発達の状況、運動発達、社会性、基本的生活習慣の習得状況
心理学的理解	本人と家族の障害理解や障害受容の程度、家族の心理的状況
保育的観点による理解	本人の好きな遊び・活動、苦手な遊び・活動、家族以外の大人や同年齢の子どもとの交流経験と状態、日常生活の具体的な場面（活動、着脱衣、食事、排泄等）における基本的な支援方法の把握

（筆者作成）

▶3　保育の実践と省察による理解

　保育における子ども理解には、保育の実践と省察が欠かせない。津守真は、障害のある子どもと関わる実践を行ないながら、省察を通して、自らの関わりをふり返り、子どもの行為の意味を考察し、子ども理解を深めることの大切さを提唱してきた。津守は、「省察は保育者の自由な精神作業である」と表現する（津守、1995）。

　障害のある子どもは、自分の意志や思いをうまく相手に伝えられないことが多く、表面的にみれば、「困った行動」として捉えられることがしばしばある。しかし、子ども側からすれば、自分の「心」を表現し、大人側に訴えているのである。その「心」を理解するため、保育場面ではなく、保育が終わった後で、保育者が自らの保育をふり返ることが大切である。

　保育における省察は、こうした時にすすめられる。それはまた、一回の省察で理解できるわけではない。保育実践と省察を通して自分の中のその子の理解を再構成し、その行為は常に更新（update）されるものなのである（岡田、2005）。

　また、一人の保育者の理解だけでなく、同僚や多職種の専門家との対話を通して理解することも必要になる。同僚同士がチームで学び合うことで、保育実践と省察の循環関係を促す要素となる（中坪、2016）。

　一人でふり返るという作業に加え、保育所内で、子どもとの関わりについて語り、対話することで、新たにみえてくるものもあるだろう。

第3節 »» 理解をもとにした援助

► 1　育ちを支える援助

　障害のある子ども一人ひとりの発達を援助していくためには、保育の場でどのような援助が必要だろうか。よりよい援助をするためには、正しい理解が必要である。そのことをふまえながら、子どもの育ちを支える援助について、整理しておく。

　第1節で最初に紹介した、ダウン症のPちゃんは、保育所に3年間通った。入園当初は、単語しか話せなかったPちゃんは、卒園を迎える頃には、3語文（「先生、おかわりをください」「私がつくったくまさん、かわいいでしょ」等）も、話せるようになった。さらに、一人でできなかった着替えができるようになり、お絵描きやダンスもじょうずになった。

　Pちゃんの母親は、「保育所での経験が、娘の成長を助けた」と語る。保育の中には、子どもが育つ要素があふれている。同年齢・異年齢の友人との関わり、遊びの発達を支える保育環境、様々な行事による新しい経験等である。

　この環境の中で、自分を理解してくれる大人（保育者）との出会いと、具体的な関わりを通して子どもの育ちは促進されていく。

▶ 2 家庭や専門機関と連携した援助

第1節で次に紹介したQくん（自閉症）の担当になった保育者は、家庭や専門機関との連携を実現させながら、Qくんの理解を深めていった。子ども理解には、「障害理解」「発達理解」の視点を包含することの大切さが、この事例から理解できるであろう。

子どもが抱えている障害の特性や発達の状況を理解することで、Qくんへの援助が具体的に保育の中で展開された。そのことにより、Qくんが自分らしく、生き生きとした表情で毎日を過ごせるようになった。

▶ 3 障害のある子どもの発達を支えるために

障害のある子どもの理解と援助を行なうためには、保育の専門性を生かした知識・技術が必要となる。専門性を向上させるためには、保育実践と省察を積み重ね、保育者自身も成長していかなければならない。

出会った子どもを理解するために、家族や他の専門職とも連携しながら、保育の専門家として子どもの姿を正しく理解したうえで、子どもの成長のための援助をしていくことが大切である。

【引用・参考文献】

津守眞「障害児保育とは」大場幸夫・柴崎正行編『新・保育講座　障害児保育』ミネルヴァ書房、2001年

津守眞『保育者の地平――私的体験から普遍に向けて』ミネルヴァ書房、1997年

津守眞『子どもの世界をどうみるか――行為とその意味』NHKブックス、1995年

岡田たつみ「『私の中のその子』とのかかわり方」保育学研究、43、pp.73-79

中坪史典「保育の実践と省察」『保育学講座④ 保育者を生きる――専門性と養成』東京大学出版会、2016年

（藤田久美）

第10章
子ども理解と保護者理解

第1節 »»» 保護者理解の視点

▶ 1　多面的な子ども理解の必要性

　保育者は、「子どもの最善の利益の追求」という基本理念のもと、保育目標を立て、日々の子どもとの生活の中で、子どもの育ちを支えることを職務とするものである。

　子どもの育ちを支えるためには、もちろん、日々の園生活の中で一人ひとりの子どもの姿を捉え、個々の発達や特性を汲み取った柔軟な関わり、つまり、子ども理解を基にした援助が求められる。

　子どもに適切な援助を提供するにあたっては、園という一つの場、保育者という一つの視点のみで見た子ども理解では、十分ではない。

　乳幼児期では特に、子どもにとって最も身近で頼れる存在は「保護者」であり、基本的な生活の場は「家庭」である。親は子どもにとって初めてふれる「大人」であり、子どもにとっては「初めての重要な他者＝愛着対象」である。乳幼児期においては、身近な愛着対象である保護者との関係は、成長発達に著しい影響をもたらす存在である。

　子どもを多面的に見て、育ちの援助を提供していくためには、保育者は生活の中心である家庭での姿といった、園以外での生活の場での子どもの姿を知ることが重要となる。

▶ 2　より良い子ども理解のための保護者理解

　家庭での子どもの姿を知るには、保護者から教えてもらう必要がある。保護者から、より多くの子どもの姿を引き出すためには、どうしたら良いだろうか。

　そのためには、子どもにとって最も身近な存在である保護者への理解を深め、協力関係を築いていくことが不可欠である。例えば、保育者がいくらよい保育目標を立て、実践しようとしても、保護者の理解が得られなければ、子どもの育ちに貢献することは難しい。しかし、保護者の理解が得られれば、園での活動が家庭にも連動して実践され、子どもにとって矛盾のない、安定した働きかけがなされる。保護者を、「子どもの育ちを共に支えていく仲間である」と位置づけ、実際に協働していくことで、目の前の子どもの姿をより深く見つめ、よりよい育ちにつながる援助を提供することができる。つまり、保護者理解を積極的に進めようとする姿勢が、子どもをより深く知ることにつながり、個々の子どもに対して適切な援助を行なうことに結びつくのである。

　子ども理解のための保護者理解を深めるためには、保護者がどのように子どもと関わっているかという点だけでなく、実際に、主として子育てを行なっている保護者の子どもに対する価値観（子ども観）や、保護者自身のパーソナリティ、子どもにとってどのような存在として機能しているか、といった様々な側面から保護者を知ることが大切である。

第2節 ≫≫≫ 現代の家庭の理解

▶ 1　現代の家庭の状況

保護者理解を進めるにあたって、まず「家庭」とは何かを考えていき

たい。家庭とは、社会における最小限の生活集団であり、家族とは家族
成員相互の関係性によって助け合う機能をもつ。家庭においては、夫婦
関係の深まりによって出産というライフイベントを体験し、子どもが生
まれた後は、親子関係をはじめとした子ども中心のライフスタイルへと
移行する小集団となる。つまり、家庭とは、子どもが応答的な親のもと
で、心身ともに守られて成長できる場なのである。

　第二次世界大戦後の高度経済成長に伴い、日本の主要産業は第一次産
業から第二次産業へ、そして現代では、サービス業等の第三次産業へと
大きく変化した。産業構造の変化とともに、家庭の構造も大きく変化し
てきたという現状がある。互いに子どもを連れた再婚世帯、離婚・未婚
によるひとり親家庭、養子や里子を迎えている家庭、子どもをもたない
ことを選択する家庭など、家庭の形態をとってみても一様ではない。

　また、少子化によりきょうだいの数が減少し、かつてとは同胞との関
係も変化している。現代の家庭には様々な形態があり、多様なライフス
タイルをもつ現代の家庭においては、家庭内の人間関係や親として果た
すべき機能も多様化してきている。

　再び、歴史的観点から家庭を眺めると、近代（明治時代以降）の日本
は、血縁関係に応じた家父長制度（イエ制度）によって家族が統制され
ていた。家父長制度は、父親が家長として最大の権力をもつという象
徴的な家族のスタイルである。女性は「家（イエ）」に嫁入りすること
で、その「イエ」のあり方に従うことが求められ、家庭のあり方は「イ
エ」に応じて代々継承されるものであった。

　しかし、戦後の新しい日本国憲法の制定によって、イエ制度は崩壊を
迎えた。現代の家庭は、地元を離れた場で家庭を築き、核家族として独
自の家庭的価値観を作り出さなければならなくなっている。イエ制度で
継承されてきた家庭のあり方は消え、夫婦関係やライフスタイル、子育
てのあり方など、多くの生活場面で、個人の意思や価値観が重視される
ようになってきたのである。

▶ 2　価値観の継承の喪失と個の尊重

　現代の家庭が抱える課題の流れについて概観すると、第二次世界大戦の前までは家庭のあり方が次の世代に継承されてきた。しかし、戦後からは民主主義、個人主義という価値観の激しい変化が生じることになった。戦後当時の家庭は、このような家庭の役割の急速な変化の中で、次の世代に親役割としての「イエ」を重視する姿勢と、個人・個性を尊重する欧米的な「個」の尊重姿勢の、いずれも十分に伝えることができなかったといえよう。

　結果として、現代の家庭では、これまでの家庭で継承されてきた価値観よりも、夫婦という個人と個人の価値観をもちより、新たにその家庭独自の家庭観を作り上げていくことが求められることとなった。

　これは、子育ての機能や責任を「イエ」という集団が協働して担っていた時代から、「親という個人」が抱えなくてはならない状況へと変化したことを意味する。現代の保護者は、親役割が不明確な中で、手探りで子育てを行なわなければならない困難を抱えることとなった。同時に親は、個人としてのアイデンティティ形成、および、親としてのアイデンティティ形成の2つの課題と向き合わざるをえなくなったのである。

　しかし、個人の価値観であるアイデンティティを確立することは、簡単ではない。例えば、アイデンティティの確立を発達課題とする青年期においても、発達課題を乗り越えることは難しい。青年期の発達課題を乗り越えられないまま親になっていくと、家庭の中での人間関係においても、親は自身の役割を明確にもつことが難しくなる。

　自立する年齢の子どもをもつ家庭の親においても、親自身が親以外のアイデンティティを十分に獲得できないまま子育てを終えてしまった場合、子どもの自立に伴って自分自身を支える役割を喪失する「燃え尽きたような状態（空の巣症候群）」に陥ることもある。

　家庭の価値観を継承してきた過去の時代には、子どもは親の子育てモ

デルを受け継ぎ、親としての役割イメージを獲得していた。しかし、現代の家庭では、核家族化、原家族との関わりの希薄化、地域コミュニティーの中での孤立化といった、ネガティブな状況に置かれたことで、「親が親になるための体験」が乏しくなっている。つまり、親イメージを見出すことが難しい状態に陥ってしまうことになったのである。

　これらの状況を踏まえ、保育者は、子どもを取り巻く家庭の人間関係に関して理解を深めることが必要である。家庭に生きる家族の人間関係の安定を図っていくことが、「今、ここに」いる子どもの心身の成長に大きく影響するからである。

第3節 »»» 家庭と子どもの育ちの関連

▶ 1　現代の子育て家庭が抱える課題

　現代の子育て家庭に関する課題として「養育力の低下」が挙げられる。核家族化が進み、親になるまで子どもと接する機会や、子育ての方法を自身の親世代から見聞きする機会が少なくなった、といったことが要因として考えられる。インターネットなどで子育てに関する情報を手にすることは難しくないが、そこにある方法論は情報過多である。情報の多さに翻弄されて手一杯になってしまう子育て家庭もしばしばみられる。

　特に、いまだ子育ての主体である母親についていえば、共働き世帯が一般化して久しいものの、従来からの「家事・育児を担うのは母親である」といった価値観に圧し潰されているように感じられる。

　また、父親に関しては、「家事や育児にもっと関わりたい」という思いはあるものの、現実的にはまだまだ育児参加が十分にできないことも考慮することが大切である。父親の育児参加については、2つの課題が挙げられる。1つめは、育児のための時間が実際には確保できないこと

である。フルタイムで働く男性が育児休暇をとることはまだ難しい場合
が多い。2つめは、子育てをする父親モデルがないために、実際にどの
ように参加してよいのか分からないという場合である。

　こうした母親・父親それぞれの状況を理解することが、保護者理解の
第一歩であるといえよう。

　家庭と子育てに関して、河合隼雄（1928 ～ 2007）は、「個人の安定は
家庭の安定なくしてありえない」と述べている。これは、子どもが葛藤
を生じてきた際に、家庭という場における家族とのやりとりが、子ども
の安定や成長を促していく重要な機能を果たしているということである。

　そのため、現代の家庭が置かれている状況、母親・父親の状況を汲み
取ろうとする保護者理解を通じて、家庭を安定させられるような支援を
行なっていくことが、家庭の養育力を高めることにつながるといえる。

▶ 2　現代の家庭のコミュニケーション不全

　子育てとは本来、母親・父親間で「話し合い、協力して課題を解決し
ていく」ことである。しかし、現代の保護者についていえば、子育てに
対するコミュニケーションの必要性を感じつつも、親役割の明確なモデ
ルがない中で、子どもへの関わり方を模索している状態である。

　その中で、それぞれの家庭に合った関わり方を見出せず、不全感を抱
いてしまうことも起こりうる。個々人における葛藤を乗り越える力の弱
さ、親イメージの不明確さにより、「家庭」という新しい場において
「家族」という関係性の形成の仕方が分からなくなってしまう。

　さらに、子どもとの適切な関わりが分からない、といった事態につな
がっていく可能性がある。その結果、叱れない親子関係や友だち親子と
いった、親の役割がうまく果たせない状態が広がってきているのではな
いだろうか。

　このように、家庭における「親役割の不明確化」が現代の家庭に潜む
課題だとすれば、それらを形づくる家族のコミュニケーション機能も高

くない状態にあるだろう。家庭内のコミュニケーション機能が極端に低い状態にあれば、「養育を十分に提供する機能」および「家族の関係性における安定感」といった機能において不全さがある。このような家庭では、養育、家族のあり方に直結する危機を抱えやすい状態にある。課題が多い家庭では、親も子どもも、子育てに対してネガティブな思いを抱いている可能性が高い。もちろん、このような課題をうまく乗り越えていけている家庭は数多い。しかし、課題を乗り越えられない家庭も少なくなく、そのような家庭に、保育者がどのような支援ができるかを検討する必要が生じてくる。

　親への援助として、「親としてどうすればよいか考えて」といった親の自覚を促す援助は、不適切であるかもしれない。なぜなら、親自身が「親である」役割をイメージできていない可能性があるからである。

　その場合、保育者と親との間の「親としての振る舞い」のイメージには、大きな差が生じる。親も「親としての自信」が十分にもてていない中で、保育者から「親の自覚」を促されるような指摘を受けてしまうと、自らの力不足を叱責（しっせき）されているかのように受け取られてしまうおそれがある。そのため、親としての自信を失ってしまいかねず、親としての役割のさらなる混乱につながる可能性がある。

▶ 3　現代の保護者への支援

　現代の家庭は、「自分たちが見てきた親の姿では、今、この時代の子育てには合っていない部分もある」という、漠然とした不安を抱えている。そのような現代だからこそ、保育者は保護者理解を積極的に進めていく必要がある。

　そのためには、保育者と保護者との間のコミュニケーションが重要である。自分が受けてきた子育てへのネガティブな思いに囚（とら）われることで、家庭の人間関係がうまくいかず、子育てを適切に行なう力を発揮することが困難になっている保護者もいる。その中で保育者は、保護者と適切

にコミュニケーションを図り、子育て支援のニーズをつかみ、保護者理解に努めることが求められている。

　保育者の援助は、子どもの成長につながる大きな力である。子ども自身、保育者から評価される、ほめられることにより、自信が高まることが期待できる。そこでは、子どもの肯定的な姿に注目し、評価し、嬉しさや成長の喜びを共感し合うという、保育者と保護者との協働関係を築くことが不可欠である。

　さらに、保育者は保護者自身に対しても、肯定的な関わりを実践していくことが必要である。保育者からのねぎらいや承認が得られることで、保護者も、自分の子育てや自分の関わりに対して適切な自己評価をもつことができる。このような保育者の肯定的な働きかけが、保護者自身、ひいては家庭の人間関係を支えることにつながる。

　保育の原則からすればあまりにも当たり前のことであるが、「家庭が子どもと共に育つ」ことを十分に理解し、「保育者との二人三脚で子どもと関わることで、家庭も育つ」という姿勢をもって関わることが、今、改めて保育者に求められているのである。

【参考文献】

井村圭壯・今井慶宗編著『保育実践と家庭支援論』勁草書房、2016年

柏木恵子『子どもも育つ おとなも育つ 発達の心理学』萌文書林、2013年

河合隼雄『家族関係を考える』講談社現代新書、1980年

中村伸一『家族療法の視点』金剛出版、1997年

日本家族心理学会編『家族心理学と現代社会』金子書房、2008年

（伊藤　亮）

第11章

子育て支援・家庭支援と子ども理解

第1節 »»» 近年の子育て家庭への支援の重要性

► 1　なぜ今、子育て支援・家庭支援の充実が必要なのか

(1) 近年の子育て家庭の抱える困難

　少子高齢化、核家族化がすすみ、子育てのあり方は急速に変化している。少子化の中で育った保護者は、幼い子どもとふれ合った経験がないまま親になった人が多く、子どもの育つ道筋が実感として分からないまま、不安の中で子育てをしている。また、核家族が一般的になり、祖父母などの協力が得られない家庭は、夫婦だけで仕事と家庭、子育てをこなさなくてはならない。ひとり親家庭ではさらに過酷になり、地域から孤立した状態で子育てをしている保護者は少なくない。

　また、近年の急激な社会的変化のひとつにインターネットやSNSの普及がある。スマートフォンの普及により、これまで以上に手軽に子育てに関する情報を得たり、イベント等を通して子育て家庭がつながる機会を得る等の利点がある一方、そこで得られる情報は必ずしも正確ではなく、膨大な情報量に圧倒され、むしろ混乱してしまうこともある。

　このように近年の子育て家庭は、急激に進化していくネット社会の影響を大きく受けつつも、つながりを求め、手探りで解決を模索している。一方で、児童虐待件数は年々増加しており、子育て家庭の不安感や閉塞感は解決に向かっているとはいえない実態が明らかになってきている。

(2) 子育て支援・家庭支援施策の充実化

　このような社会的状況を受けて、2017（平成29）年告示の保育所保育指針では、「保護者への支援」から「子育て支援」に重点が置かれた。保育所を利用している子どもの保護者だけでなく、保育所は、地域の子育て家庭の保護者も同じように支援していくことが明記された。保育所は、その専門的な特性を生かし、子どもを育てるすべての家庭を支援する地域の中心的な機関としての役割を担うことになったのである。

　保育士には、ネット上の社会とは異なる、地域に生きる身近な支援者として保護者に寄り添い、子育て家庭と地域をつなぎ、子どもの健やかな育ちを支える役割が求められている。

▶ 2　子育て支援・家庭支援における保育者の役割

　子育て支援を担う保育者は、子ども本人の発達や特性を把握するだけでなく、子どもと保護者の関係を把握し、家族の中の子どもという視点をもって理解していくことが求められる。

　様々な事情を抱えた家庭がある中で、生活観や子育て観も多様化し、過保護や過干渉、さらには無関心や暴力など、不適切な養育傾向のある保護者も少なくない。保育士は、そのような保護者のあり方を単に否定的に捉えるのではなく、なぜそのような養育態度に至っているのか、保護者を理解する手がかりにする姿勢をもつことが重要である。

　先にも述べたように、自分の子どもをもつまで、幼い子どもと接する機会のなかった保護者は少なくない。ネットによる情報や多様な価値観に惑わされず、まずは目の前の子どもをしっかりと見て、子どもの欲求や興味、関心を知ろうとすること、つまり、子育ては子どもを理解することから始まる。このことを保護者と共有することは、保育士の重要な役割のひとつである。

　どのような時代になっても、乳幼児期はその人の人生の基盤となる重要な時期であり、養育者による温かで応答的な養育が「生きる力」の基

礎となる。この基本は不変である。子どもと保護者がともに成長してい
く力を信じ、その関係性を温かく見守り支え続けることが、保育士の役
割なのである。

第2節 >>> 子育て家庭支援における子ども理解

▶ 1 保育所を利用している保護者への支援と子ども理解

（1）日常のコミュニケーションの大切さ

　保育所を利用している保護者とは、日常の送迎時や連絡帳、電話や面
談など、様々な機会を通じて子どもへの共通理解を図ることができる。
特に重要なのは、日常の会話によるコミュニケーションである。保育士
は、毎日の送迎時には必ず笑顔で挨拶し、お迎えの時にはその日の園で
の子どもの様子を、直接言葉で伝えるようにしたい。

　保護者は毎日、子どもが保育所でどのように過ごしたかを知りたいと
思っている。保育士がその思いを理解し、帰り際のあわただしい中でも、
その日の子どもの姿を丁寧にかつ端的に伝える姿勢を見せることが、保
育士への信頼感につながる。

　その際、その日にあった出来事のみを伝えるのではなく、子どもの育
ちの姿とその意味を伝えることを心がけたい。子どもを理解する視点を
伝えたり、実践を示したりすることは、保護者の気づきになり、子ども
への理解が深まると同時に、子育てへの自信につながる。また、保育士
が子どもの成長を保護者とともに喜び合うことも、大切な支援のひとつ
である。身近に子育てを支えてくれる存在がいない保護者にとって、こ
れ以上の喜びはなく、子育てへの活力につながる。

（2）子どもに気になる様子が見られる場合

　子どもに気になる様子が見られる場合は、保護者の心情をふまえ、よ

り慎重に、丁寧に子どもへの理解を共有していくことが必要である。プライバシーを含む繊細な内容について話す場合は、改めて日時や部屋を決め、面談の形をとるようにしたい。面談では、保護者を不安にさせないような声のトーンや表情を心がけ、できるだけ否定的な言葉を用いずに、子どもの姿を伝えていく。その際、気になる面だけでなく、肯定的な面も同時に伝えていくことで、保護者が問題を受け止めやすくなることもある。

　また、保育士から一方的に伝えるのではなく、家庭での様子も丁寧に聞き取り、保護者の思いを共感的に受け止めながら、双方向のやりとりを心がけることが重要である。このような対話を通じて、子どもへの理解を共有できれば、今後の対応を話し合って決めていく。

　保護者と保育士が子ども理解を共有するためには、保育士の誠実な態度と対話が必要であることを忘れてはならない。

▶2　地域の保護者等への子育て支援と子ども理解

　近年、地域子育て支援センターには、生後2か月に満たない乳児を抱いて訪れる保護者も少なくない。身近に頼れる祖父母や親戚がいない中、実家のような安心感を求めて訪れるものと考えられる。

　地域に向けた子育て支援では、親子が過ごしやすい温かな雰囲気（ふんいき）づくりを心がけることが、何よりも大切である。保育者は、親子に目を配りながら、必要に応じて子どもと遊んだり、保護者と会話したりしながら、子ども理解、保護者理解に努めていく。親子が定期的に通ってくるようになれば、必ず声をかけ、子どもの変化や成長について感じたことを保護者に伝えていく。その際、少し先の発達について分かりやすく伝えていくことも、保護者の気づきになり、見通しをもった育児につながり、育児への自信になっていく。そしてここでも、保育士が子どもの成長をともに喜び合うことが、何より重要な支援である。

　地域に向けた子育て支援では、保育所に在籍する子どもと保護者とは

異なり、次にいつ来られるかは保護者次第である。その特性をよく理解
した上で、適度な距離感を保ちながら支援していくことが望まれる。

　また、行事や親子参加や保育体験への参加などの機会を提供し、保護
者が他の子どもと触れ合う機会をつくることも、子育て支援における大
切な役割である。保護者が自分の子ども以外の子どもと触れ合う機会は
案外少ない。他の子どもと接することで自分の子どもの育ちを客観的に
捉えることにつながり、子ども理解や養育力につながる。保護者同士の
交流や相互支援、自主的活動も支えていくことが大切である。

▶ 3　子ども理解の家族との共有における留意点

　保護者と子どもへの理解を共有しようとする際に留意しなければなら
ない点は、子どもは、家庭と保育所で見せる様子が異なることがある、
ということである。

　例を挙げると、5歳のDくんは、家では親の言いつけをよく守り、お
手伝いも積極的にするなど聞き分けの良い子どもだった。しかし、保育
所では自己中心的なふるまいが多く、友だちとのけんかや大泣きするこ
とが多かった。この場合、保育士から保護者に保育所での様子を一方的
に伝えても、保護者には、にわかに信じがたい。伝え方を間違えると、
保育士への不信感にもつながりかねない。

　先にも述べたが、話し合いをする際は、保育士から一方的に伝えるの
ではなく、家庭での様子を丁寧に聞き取りながら、なぜDくんが異な
る様子を見せるのか、保護者と一緒に考え、Dくんへの理解を相互に深
めていくことが肝要である。

　この場合は、母親の仕事上のストレスで、精神的に不安定な状態が続
いており、家では母親に心配をかけまいと良い子を演じ、その反動で、
保育所では自己中心的なふるまいが生じているということが考えられた。
保育士は、親子の安定した関係を支えていく役割の中で、保護者自身が
試行錯誤しながら気づき、子どもへの理解を深めていくことのできる支

援を心がけることが、大切である。

第3節 ≫≫ 子ども理解と子育て家庭支援事例

▶ 1 保育所に在籍している子どもの保護者との子ども理解と支援
──【事例1】動作面で遅れがみられるEくん

　4歳児クラスに在籍している3歳8か月のEくんは、動作がゆっくりで、登園後の身支度（みじたく）に時間がかかることが多い。絵本の読み聞かせは聞いていないことが多く、下を向いたり、窓の外を見たりしている。お絵かきも苦手で、描き始めるのはいつも最後である。担任を大好きでよく話しかけてくるが、聞き取れないことが多い。友だちへの関わりも積極的で自分から近づいていくが、相互のやりとりは見られず、並んで同じことをして遊んでいるといった様子である。

　発達について気になった担任は、主任と相談のうえ、お迎えの時少しずつEくんの様子を母親に伝えていくことにした。その際、Eくんがその日にできたことや、成長を感じたことと、気になった行動の両方を、穏やかな口調で伝えるよう努めた。

　するとある日、母親から、次のように打ち明けられた。「実は3歳半健診の時、『言葉は問題ないが動作の面で半年ぐらい遅れが見られる。しかし、集団生活で伸びることも多いので、このまま様子を見ていきましょう』と、言われたんです。担任に伝えるよう言われていたのですが、不安もあって言い出せなくて……」。

　保育士は、母親が話してくれたことに感謝し、不安な気持ちを受け止めた。そして後日、改めて面談の時間を設け、健診時の様子や家庭での様子、母親の思いを丁寧に聞き、Eくんの発達の状況と、これからの対応を母親と共有した。

▶ 2　地域の子育て家庭の保護者への支援
──【事例2】ことばの遅れがみられたFちゃん

　先週、初めて園庭開放に訪れた2歳3か月のFちゃんと母親が、2回目に訪れた。母親は先週と同じく暗い表情で、誰とも話すことなくぽつんと一人でおり、Fちゃんはそんな母親の様子を時々ちらっとうかがいながら、砂場で大人しく遊んでいた。保育士がタイミングを見て母親に声をかけると、次のように話した。

　「Fは言葉が遅れていますよね……。1歳半健診で言葉が遅れていると言われて発達支援のグループに申し込んだのですが、夫との離婚調停が始まり、結局行けなかったんです。その後離婚が成立し、Fを連れて隣の市から実家に戻ってきたのですが、私自身、身も心も疲れ果てて寝込んでしまいました。しばらくFと引きこもっていましたがこのままではいけないと思い、最近ようやくFを連れて外出できるようになりました。仕事を探さないといけないのですが気力がわかず、夜も眠れない日が続いています。両親（Fの祖父母）共にフルタイムで働いていて、しばらくゆっくりしたらいいと言ってくれているのですが……」。

　保育士は、母親をねぎらい、「こうしてお母さんが園庭に遊びに連れてきてくれることを、Fちゃんは喜んでいると思います」と伝えた。そして、母親自身の体調が回復するまで、今のペースで園庭に遊びに来たら良いと思うこと、Fの言葉の発達が気になるなら、いずれ自治体の発達相談に申し込んでみてはどうかと伝えた。母親は、「Fの言葉が遅いのは、離婚のゴタゴタであまり関わってやれなかった気がするのですが、ぜひ申し込みたいです」と話した。

　そこで、保育士はパンフレットを渡して、連絡先や場所、行き方などを母親と確認した。母親は、「今日は話を聞いていただき、ありがとうございました。また来ます」と、少し笑顔になり、Fと帰宅した。

　以上は、それぞれ発達に課題を抱えた、子どもの事例である（筆者が体験した複数の事例を組み合わせている）。

　【事例1】では、保育の中で子どもの気になる発達に出会った時、保育士と保護者がどのように共有していくのか、その対応の流れの一例を示した。

　【事例2】では、両親の離婚とそれに伴う母親のストレスが、子どもの発達に影響している可能性が推則される。保育士は、保護者に安心感を与える関わりをしながら、他の専門機関を紹介する対応を行なっている。

　このように地域に向けた子育て支援では、様々な角度から子どもと保護者の関係を捉え、総合的に見立てた上で支援していく力が求められる。その場合も、あくまでも子どもと保護者が主体であり、保育士は、保護者が自信をもって子育てをしていけるよう支援していくことを忘れてはならない。

【引用・参考文献】

青木紀久代編著『実践・保育相談支援』みらい、2015年

神村富美子『心理学で学ぶ！子育て支援者のための子育て相談ガイドブック』遠見書房、2010年

厚生労働省編『保育所保育指針解説』フレーベル館、2018年

才村純・芝野松次郎・新川泰弘・宮野安治編著『子ども家庭福祉専門職のための子育て支援入門』ミネルヴァ書房、2019年

無藤隆・汐見稔幸編『イラストで読む！幼稚園教育要領　保育所保育指針　幼保連携型認定こども園教育・保育要領はやわかりBOOK』学陽書房　2017年

（高橋千香子）

第12章

専門機関との子ども理解の共有

第1節 »»» 保育者と専門機関の連携

▶ 1 専門職について

　保育士は、保育に関する専門的な知識や技術を背景としながら、子どもと、保護者の相談援助を行なっていく。

　しかし、社会状況の目まぐるしい変化やライフスタイルの多様化等により、子育て家庭が抱える悩みや問題は、複雑化、深刻化している。そうした中、子どもや保護者が抱える悩みや問題への相談援助にあたっては、医療・福祉・教育等における他分野の専門性をもった専門職、専門機関との連携が必要不可欠となる。

　子どもや保護者が抱えている問題が、より複雑化、多様化している中で、保育士として、どの部分において、相談したり援助したりすることが可能であるのか、何が不可能であるのかを、見極めることが必要である。そして、他の専門職・専門機関と連携をもち、子どもと保護者を相談援助していくことは、保育士の大切な専門性の一つである。

　子どもと保護者と出会い、その発達を支援する専門職は、保育士をはじめとして、医療・福祉・教育等の幅広い分野にわたっている。

　まず、医療領域においては、医師・看護師、作業療法士、理学療法士、言語聴覚士などが挙げられ、病気の治療や健康増進のみならず、成長や発達の支援に関わっている。

　次に、福祉領域では、ソーシャルワーク（social work）を専門とする

ケースワーカーを中心に、各種の専門職種が挙げられる。ソーシャルワークとは、社会福祉における実践的な活動であり、子どもや保護者が抱えている問題の解決に向けた援助のことである。

　そして、教育の分野においては、様々な立場の指導員や心理士職などが存在し、子どもの発達支援や訓練、保護者の相談支援に携わっている。

　以上、3つの領域別に専門職を列挙したが、医療・福祉・教育の各分野は、互いに重なり合っており、専門職の分野を特定することは難しい面もある。

▶ 2　専門機関について

(1) 独自性をもって機能している専門機関

　医療・教育・福祉等の分野における専門職が配置され、機関としての独自性をもち、機能しているのが専門機関である。例えば、保育所においては、厚生労働省令による保育士、嘱託医、調理員の配置に加えて、看護師、心理士等が置かれている。そして、配置された専門職がそれぞれの役割を果たし、保育所としての独自性をもち、機能している。

　同様に、病院、保健センター、児童養護施設、障害児施設などの専門機関において、医師や保育士、心理士といった、互いに重なり合った専門職が異なる専門機関に配置され、その機関の役割は、それぞれに異なっている。

(2) 専門機関と保育者の連携

　他の専門職や専門機関と、より効果的に連携していくためには、互いの専門性を生かし、子どもと保護者のニーズを把握した上で、支援の方向性について機関同士で検討を重ねていくことが大切である。

　そして、各専門機関での支援が進んでいく中において、日々の生活の場に関わり、その成長を支えている保育士が、情報の交換や共有などを通して専門機関と連携を保つことが、子どもと保護者への、実りのある相談援助となる。

第2節 >>> 多様な専門機関との連携

► 1　医療機関について

　子どもと保護者を支援する専門職、専門機関は多岐にわたり、それぞれの専門機関を規定する根拠となる法律も様々である。

　例えば、地域保健法によって規定された保健所は、保健師を中心として、医師、心理士などが配置され、地域の健康や衛生を守る公的な専門機関である。また児童相談所は、児童福祉法に規定され、医師、児童福祉司、児童心理司、児童指導員、そして保育士などが配置された行政機関であり、児童の様々な問題に対して、支援を行なっている。ここでは、保育士が連携をとることが多い専門職、専門機関について挙げていく。

　病院をはじめとして、保健センター、保健所などが医療の領域における専門機関であり、医師、看護師、助産師、保健師などの専門職種が配置されている。病気やけがの対応、助言にとどまらず、子どもの健康増進、発達支援等に幅広く関わっている。乳幼児の健診事業等でフォローとなる子どもの健康、発育に関する情報、保護者の抱える問題等についての把握は、保育現場における相談援助において、重要である。

► 2　福祉施設について

　福祉施設の中でも、子育て家庭を支援対象とする児童福祉施設は、各種の行政機関にはじまり、民営の機関を含め多種多様にある。施設の種類は多く、様々な支援が対象者別に多様に展開されている。児童福祉法による行政機関となる児童相談所、児童家庭支援センター、児童発達支援センター等は、保育士をはじめ多種の専門職種が置かれ、ソーシャルワーク、発達支援等が、各機関の独自性をもって行なわれている。

▶3　教育機関について

　保育所との連携が必要な教育機関としては、文部科学省管轄の小学校をはじめとしとして、様々な教育施設がある。そして、様々な教育的な関わりや支援が指導員、心理士等の専門職種によって、展開されている。特に小学校との連携は、保育士の重要な役割である。情報の共有や引継ぎを行ない、子ども・保護者にとって、大きな節目となる就学をサポートすることが求められている。

第3節 ≫≫ 事例に学ぶ困難を抱えた子ども・家庭

▶1　発達の遅れが目立つ男の子

　Gくん（3歳男児）は、一人で遊んでいることが多く、保育者や友だちとの関わりが広がりにくい。状況を理解して行動することも増え、園生活への適応はみられるが、言語発達のゆっくりさが目立つ。個人懇談の際に、Gくんの母親から、「二つ上の兄と比べて、発達のゆっくりさが気になっている」と、相談がある。

　この事例は、担当するクラスにおいて、発達の遅れや歪（ゆが）みが疑われる子どもに出会ったケースである。保育士は、母親の不安や心配な気持ちに寄り添いながら状況を確認し、園で定期的に実施されている心理相談の予約をしてもらった。相談の前には、母親の了承を得た上で、心理士に園でのGくんの様子をみてもらい、日頃の様子についても伝えた。その結果、継続して心理相談を実施し、母親の不安、悩みのフォローと発達の経過をみていくこととなった。そして、今後は母親のニーズを汲（く）み、発達状況をみて、必要であれば療育や個別の発達支援が可能である児童発達支援センターなどの紹介が考えられる。

　日々の生活の中で、子どもたちの心身の発達を支えている保育士は、その遅れや歪みにいち早く気づくことができる立場にある。そして、子どもの発達の悩みから、不安や心配を抱える保護者に寄り添うことが求められる。保護者が、子どもの発達のゆっくりさや、周りとの差を感じながらも、それを認めたり受け入れたりすることは難しく、苦しい心理状態が続くものである。このため、母親に寄り添い、母親のペースに合わせて、子どもへの発達支援を進めていくことが必要となる。

　つまり、発達に関する心理相談や受診については、保護者の日々の豊かな子育てを支えていく中で、保護者が自ら選択したり、決めたりしていくことのできる援助が求められる。そして、他の専門職、専門機関につながった後にも、状況に合わせて、その意味や必要性を保護者と確認していくことも大切な連携となる。

▶2　ネグレクトが疑われる女の子

　Hちゃん（4歳女児）は、園で自ら話をすることは、あまりない。日中も肌寒い日が増えてきたが、半袖・半ズボンで登園し、衣服の汚れが目立つこともある。給食時には、食べることに少々、執着する姿がみられる。送迎時の母親は、保育士の話しかけにはあまり応じず、Hちゃんに話しかけることもなく、帰っていく。

　この事例は、子どもの適切な養育がなされていない「ネグレクト」のサインが疑われるケースである。保健センターの保健師が保育園巡回に来た際に、母親の様子、Hちゃんの状態について、園の見解が伝えられた。Hちゃんの状態や家庭状況について、昨年度の3歳児健診より地区担当保健師によるフォローになっているため、園からの報告を受けて、再度、電話連絡、家庭訪問等が行なわれることとなった。そして、児童家庭支援センターに、保健センター、地区担当保健師より、ケース伝達がなされている。

ネグレクト等の虐待が疑われるケースにおいては、保護者からの相談がないことが多い。保育士は子どもの状態に敏感になって、そのサインに気づくことが重要となる。しかし、児童虐待のような深刻な問題を抱える保護者と信頼関係を築き、相談援助を進めていくことはたやすいことではなく、慎重で丁寧な関わりが求められる。緊急性が高いケースの場合は、保育所から市町村や児童相談所に通報することもある。

地域の家庭に対しては、保育所をはじめとして、様々な専門機関、専門職が用意されている。子育て家庭が、より深刻な問題を抱えた時は、それらが総動員されて、子育てがサポートされることとなる。そうした中で、日常的に保護者と子どものそばにいる保育士が果たすべき役割は大きい。

▶ 3　チック症状のある男の子

引っ越してきたJくん（5歳男児）は、新しい環境にも慣れて、友だちをつくり、園で楽しく過ごすことができている。そんな中、担当保育士は、時々目をパチパチさせるチックの症状が、気になっていた。そして、口をすぼめたり、首をかしげたりすることも増えてきたため、園から保護者へJくんの状態について、話をする機会をもった。

この事例は、園での子どもの行動や状態が気にかかり、母親へ状況を確認するための機会を保育士から持ったケースである。話を聞く中で、母親自身もJくんのチックの症状について、原因を調べたり情報を収集したりする中で、必要以上に不安になっていることがうかがわれた。このため、保育士から、Jくんがしっかりと成長を積み重ねている姿があることを伝え、母親を安心させた。そして、嘱託医の内科健診が近いため、個別相談票の提出をすすめた。

その結果、嘱託医のすすめもあり、児童精神科を受診して、服薬治療と定期的なプレイセラピーが行なわれることになった。園では、保育士が定期的に母親との面談をもち、Jくんが園でがんばっていることを伝

えた。また、母親が主治医から聞いてきた、園で可能な症状への対応について話し合った。

▶ 4　子ども・保護者の姿を見失わない

　子どもの気になる症状や状態について、保護者は、その原因を明らかにしたいという思いから、育て方のせい、環境のせいと思いつめてしまう。しかし、現在の症状や状態は、子どもの成長や発達の流れにおいて、必ずしも「治すもの・無くすもの」ではなく、つき合いながら、このまま日々の成長や発達を支えていけばよいということも多い。そのことに母親が気づけることが、一つの援助となる。

　保育士は、子どもと保護者に寄り添いながら、気になる症状や状態の経過、本人の心身の発達には注意を払い、医療や心理などの他機関や他職種との連携をしていくことが重要である。また、保護者にとって、専門機関への相談や受診はハードルが高く、迷いやためらいを抱えるものである。そのことを理解した上で、日々、子どもたちに関わる保育士が、その橋渡しの役目を果たすことが、さらに重要である。

　保育士の仕事は、保育に関する知識や技術を生かして、日々の生活の中で、子どもたちの発達、成長を支えていくことである。そして、保育士が行なう相談支援とは、保護者に寄り添い、援助していくことである。相談支援においては、保護者の抱える問題の多様化や複雑化により、他の専門職、専門機関との連携が必要不可欠となっている。

　しかし、外との連携が強調される中においても、目の前の子どもと保護者の姿を見失ってはいけない。あくまでも、子どもたちの日々の成長、発達を支え、保護者と支え合うことを基盤として、他の専門職、専門機関とつながっていくことが大切である。子どもは、毎日を積み重ねて成長していく。その姿を喜び合える関係の中で、保護者が悩みながらも、日々の歩みを進めていくことを支えていくことが、保育士には求められているのである。

【引用・参考文献】

厚生労働省編『保育所保育指針解説書』フレーベル館、2018年

西郷泰之・宮島清『ひと目でわかる保育者のための児童家庭福祉データーブック』中央法規、2017年

西尾祐吾監修・立花直樹・安田誠人・波田埜英治編著『保育の質を高める相談援助・相談支援』晃洋書房、2015年

秦野悦子・山崎晃 編著『保育のなかでの臨床発達支援』(シリーズ臨床発達心理学・理論と実践3)、ミネルヴァ書房、2011年

（谷　真弓）

第13章

子ども理解を深める実践と省察

第1節 »»» 実践を深める「知」

► 1 保育における"臨床の知"とは

17世紀以降の科学技術の発展を支えてきたのは、"普遍性""論理性""客観性"を原理とする"科学の知"である。

一方、状況や場を重視し、直観的に対象者と関わる際に働くような知は、"臨床の知"とされる（中村、1992）。

これを、幼稚園・保育所・認定こども園で繰り広げられる、日常的な場面を例に考えてみよう。

例えば、午前中の保育が終わった後の食事場面で歌う「おべんとうのうた」（一宮道子作詞・作曲）のテンポは、その日の天気だけではなく、集団の状態・雰囲気、子どもたちの様子・気分によって、左右されるであろう。

準備が整い、「いただきます」をしてよいかどうかの判断をし、ピアノを弾き始めるその瞬間にこそ、保育者の"臨床の知"が働くのである。「おべんと、おべんと、うれしいな～」と弾むような気持ちを伴った"パフォーマンス"になるかどうか、そして、共に食事をする嬉しさを保障できるかどうかは、保育者の"臨床の知"次第である。

言うまでもなく、保育の現場は、子ども一人ひとりに対して即興的に応答しなければならない。一方で、集団活動の流れをつくることが求められる。

　では、子どもたちの"パフォーマンス"をみつつ、自らも"パフォーマンス"するためには、保育者として、どのような専門的な姿勢が必要であろうか。

▶ 2　大人の基本的な姿勢

(1) インリアルに学ぶ"臨床の知"

　インリアル（INREAL : Inter Reactive Learning and Communication）とは、1979年に日本に導入されたコミュニケーション・アプローチのひとつである。現在では、言語発達の臨床現場だけではなく、特別支援が必要な子どもたちと関わる多様な職種に共有されながら発展している。

　日本INREAL研究会は、自由な遊びや会話の場面を通じて、子どもの言語やコミュニケーション能力を引き出すことや、規範のテストではなく、実際のコミュニケーション場面から子どもの能力を引き出すことを重視している。

　特徴的なのは、「繰り返しの原理」である（**図表13-1**）。子どもが同一の行為をあきるまで繰り返すことを重視し、「異質なものを与えるので

図表13-1　保育方法に関する原理

	原理
1	環境の原理
2	自発性の原理
3	遊びの原理
4	繰り返しの原理

出典［竹田ほか、1994］を基に筆者作成

図表13-2　大人の基本的姿勢

技法	かかわり
Silence	静かに見守ること
Observation	よく観察すること
Understanding	深く理解すること
Listening	耳を傾けること

出典［竹田ほか、1994］を基に筆者作成

はなく、少しずつ変化、向上したものを周囲に準備すること」を大切に
している（竹田ほか、1994）。

　また、2の「自発性の原理」では、子どもの意図を育てることを重視
している。例えば、この原理に依拠した「非言語的活動」（音楽活動な
ど）では、次のような観点で実践を省察することができる。

(2) "ソウル"（SOUL）とは

　インリアルでは、子どもにシャワーのように言葉を浴びせかけ、単語
や構文を引き出すのではなく、あくまでも、子どもの伝達意図を育てる
ことを重視している。

　そこで、子どもに対するおとなの具体的な関わり方として、「静かに
見守ること（Silence）」「よく観察すること（Observation）」「深く理解す
ること（Understanding）」「耳を傾けること（Listening）」という、4つの
技法のそれぞれの頭文字を並べた "ソウル"（SOUL）を提唱している
（図表 13-2）。

第2節 »» 保育者の力量——2つの "のぞむ力"

► 1　「臨む」力

　第1節で述べたように、保育者の "臨床の知" に支えられた保育を通
して、子どもたちの健やかな育ちを保障することができる。

　保育者には、＜いま・ここ＞で子どもを「みる（見る・観る・診る・視
る・看る)」だけではなく、＜これからの育ち＞＜育成したい像＞を視野
に入れた保育が、求められる。

　これは、ライフステージ全体を俯瞰しながら＜いま・ここ＞での子ど
もを捉える力量である。実践者に求められるこのような知は、2つの
"のぞむ力" として、整理することができよう（根津、2005）。

　例えば、降園の集まりで「おかえりのうた」（一宮道子作詞・作曲）を歌うような場面では、保育者は、どのようなことを考えなければならないであろうか。

　短い時間で降園準備を整え、多様な事象を振り返りながら、次の登園への期待をもたせなければならない。そこでは、「状況を感じ取る力」「時間の構成力」「場面の構成力」「材との関わり、場や対象者によって創りかえる力」が発揮される（根津、2012）。

　また、同じ楽曲であっても、発達年齢によって表現が異なることは言うまでもない。

　つまり、"「臨む」力"とは、「理論に基づく瞬間的な判断力であり、即興的・実践的に行動する力」なのである。

▶ 2　「望む」力

　降園時には、家族や地域との関わりの視点も必要となる。

　一日のうちに起きた事柄を家族に伝えるだけではなく、それらが、子どもたちの育ちの中でどのように位置づけられるのかを伝達することも、求められる。

　幼保の連関、小学校とのつながり、発達に関する関連機関との連携、行政とのつながり等の水平的な視野も必要である。

　日常の保育だけではなく、一年間の行事を企画・運営する際にも、発達段階や心理に関する知識が必要となる。つまり、「対象者のライフステージにおける発達課題や家族・地域の問題などを考慮しながら、活動を企画・遂行する"力"」が求められる。

　それが、"「望む」力"であり、「対象者の＜いま・ここ＞の問題を捉えながら、長期的・継続的な支援を展望する力量」であるといえよう。

第3節 »»» 記録と省察の意義

▶ 1　行動の意味を理解するプロセス

　保育場面で感じたことを記録することは、保育者の実践力を培う上でも、家族と支援の観点を共有する意味でも意義のあることである。

　子どもたちの中には、感じていることをじょうずに表現できないだけではなく、時に、意に反した行動に置き換えてしまうような場合がある。

　そのような場合に、エピソード（記録）を介して、関係者同士が子どもの行動の意味を理解するプロセスが大切になる。たとえちょっとした記録（メモ）であっても、「子ども・家族・保育者」を結びつける役割を果たすこともある。

▶ 2　子どもの感性の捉え方

　子どもの「感性」を直接みることはできない。そこで、感性をいくつかの要素からできた枠組みと考えて図で示してみた（**図表13-3**）。

　この図では、「受け取る感性／生み出す感性」を横軸とし、「共有される感性／個別的な感性」を縦軸とし、「表現される感性／表現されない感性」を前後の軸とする。

　以上の３つの軸の組み合わせから、子どもの感性を整理し、理解することができる。

　例えば、Ⓐ〈表現はされてはいるが、他者には意味が伝わらない〉ときがある。それは、「表現的―形式的―個別的」であり、そもそも他者との共感性が低いことを意味している。

　また、Ⓑ〈"かなしい"という気持ちを言語化しているが、共感している〉ときは、「感受的―暗黙的―共有的」段階にある。そのようなときは、音楽が重要な役割を担うことがある。

　さらに、Ⓒ〈"たのしい"という気持ちを行為で示しているが、他者とは共有できていない〉ときは、自己刺激的であって、「表現的―暗黙的―個別的」段階である。

　実は、ⒶⒷⒸは、支援が必要なある男児の繊細な"パフォーマンス"が事例となっている。枠組みとして捉えることによって、その行動の意味を家族と共有することができたのである。

　なお、この事例に関わった保育者たちは、各自の実践日誌やエピソード記録を重ね合わせ、この「感性の枠組み」(**図表13-3**)を用いることで子どもたちの"パフォーマンス"を可視化し、確認する作業を継続し

図表13-3　感性の枠組み

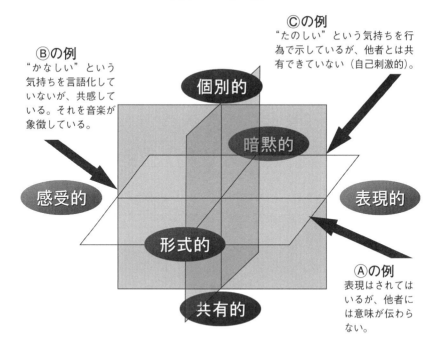

Ⓒの例
"たのしい"という気持ちを行為で示しているが、他者とは共有できていない（自己刺激的)。

Ⓑの例
"かなしい"という気持ちを言語化していないが、共感している。それを音楽が象徴している。

個別的

暗黙的

感受的

表現的

形式的

Ⓐの例
表現はされているが、他者には意味が伝わらない。

共有的

出典［根津、2017］を基に一部改変

た。それは結果的に、保護者への説明や他の保育者への説明の根拠と
なったのである。

　限られた時間内で、家族を含めた他者に保育であった事柄を伝えるこ
とは容易ではない。ただし例えば、子どもの感性を"枠組み"として捉
え、日々の変化をその組み合わせとして整理することは試みてよい。

　そして、さりげない日常的なやりとりやメモの積み重ねであっても、そ
れを整理することで理解が深まり、保育者の実践力育成や、家族支援に
もなり得るのである。つまり、「保育現場で感じたことを文字化（形式化）
すること」の繰り返しによって、"臨床の知"が形成されると考えること
ができよう。

► 3　生活年齢の尊重

　保育現場は、子どもたちが現実的に生きる時間・空間である。

　例えば、子どもたち一人ひとりの「生活年齢」（Chronological Age）は、
子ども自身だけではなく、家族にとってもかけがえのない＜生きてきた
時間＞である。就学前の子どもたちであっても、一人ひとりの生活年齢
には、多彩な人生が組み込まれている。

　その理解を深めることこそ、保育の醍醐味ではないだろうか。

【引用・参考文献】

竹田契一・里見恵子編『子どもとの豊かなコミュニケーションを築くインリアル・ア
　　プローチ』日本文化科学社、1994年

中村雄二郎『臨床の知とは何か』岩波新書、1992年

根津知佳子「音楽的発達における相互作用に関する一考察II──感覚運動的段階を中
　　心に」日本音楽教育学会第25回大会（東京学芸大学）資料、1994年

根津知佳子「"臨む力""望む力"を培う体験・実習の系統性──『音楽療法演習』の取
　　り組みを通して」三重大学共通教育センター大学教育研究、第13号、2005年、
　　pp.35-42

112

根津知佳子・松本金矢「教育実践における感性のフレームワーク」日本感性工学会論文誌、Vol.8 No.1、2008年、pp.73-80

根津知佳子「望む力と臨む力を培う授業の改革　チューター制度を用いた教員養成型PBL教育」『学生主体型授業の冒険2　予測困難な時代に臨む大学教育』第15章、ナカニシヤ出版、2012年、pp.222-236

根津知佳子「音楽的経験を軸とした幼児期の母子支援に関する研究」日本女子大学大学院家政学研究科人間社会学研究科紀要、第24巻、2018年、pp.189-196

（根津知佳子）

第14章

保育カンファレンスにおける子ども理解

第1節 »»» 保育カンファレンスの意義

▶ 1　保育カンファレンスとは

「カンファレンス」という用語は、もともと医師、看護師、カウンセラーなどが、臨床事例に基づく検討や協議をする際に用いる言葉である。それを、保育の分野に適用したものが「保育カンファレンス」である（森上、1996）。

職場内の研修や事例検討会など、様々な形態ではあるが、多くの保育所・幼稚園で、日常的に保育カンファレンスが行なわれている。

保育カンファレンスには、以下の特徴があるとされる。

---

1. 「正解」を求めようとしない
2. 「本音」で話し合う
3. 施設長や先輩が若い人を導くという形にならないようにする
4. 話し合いにおいて、相手を批判したり、論争しようとしない
5. それぞれの成長を支え合い、育ち合う

これらは、保育カンファレンスが有効に機能するために必要な条件である。すなわち、保育カンファレンスとは、日々の保育の中から様々な事例を挙げ、保育者同士の語り合いを通して幼児理解を深めることと思われる。同時に、保育者自身が自らの保育をふり返り、さらにより良い保育へと発展・展開を行なっていくところに意味があるのではないか。

▶ 2　保育カンファレンスのねらい

　保育カンファレンスでは、保育をふり返り、園内の様々な立場の保育者が協働的に進める語り合いが重視されている。多様な意見や考えが自由に発言できることである。それは、保育者一人ひとりにとって有意義な時間であり、保育者自身の力量を支えるものでなくてはならない。

　同時に、子どもの姿から多面的に理解し評価した上で、保育実践を再考することである。つまり、保育の質を上げることが、保育カンファレンスのねらいである。さらに、一人ひとりを支えるためには、園全体、保育者集団としての成長が促されなくてはならない。

　そのためには、保育者同士の関係性を構築することも、重要なねらいであるといえよう。

第2節 ≫≫≫ 保育カンファレンスの実際

▶ 1　場所と時間と雰囲気

　保育室・職員室・会議室など、集まれる場所で行ない、時間は30分から60分程度で設定する。保育所であれば午睡の時間、幼稚園であれば子どもの降園後になるであろう。しかし、保育者は日々の保育で多忙を極め、さらに、職員会議や学年会といった打ち合わせ等もある。複数の保育者が一度に時間を共有することは、決して容易ではない。

　そのため、やらなくてはならないという義務感で行なうのではなく、気軽に集まるくらいの心持ちで実践することも、大切なのではないかと思われる。また、具体的な方向性まで話し合いが進まない場合もあるが、継続することで学びが深まることもあるため、柔軟に時間を設定することも求められる。

　例えば、昼食などをとりながら、あるいは、保育終了後の時間にお菓子や飲み物などを口にしながら、リラックスした雰囲気であれば、より打ち解けて、それぞれの保育者が自由に語れる環境となるであろう。

▶2　参加者と参加人数

　参加者は、年齢構成の幅が広い場合には話し合いが活性化しないこともありうる。管理職や主任などのいわゆるベテラン保育者が参加し、進行役を務める場合、若手保育者が発言しにくい思いを抱いている可能性があるからである。

　したがって、参加者の年齢構成の幅を狭くし、語り合いがしやすいような雰囲気や環境を整える工夫も必要であろう。このように、保育者同士の関係性を築くことを優先に設定することは重要なポイントである。

　参加人数は、6～8名くらいが望ましい。人数が多すぎると、テーマの共有は可能であっても、一つのテーマに沿って語り合うことは難しいことがある。内容によっては、少人数の方が発言する機会も多くなり、有効な場合もある。それぞれの園の考え方にもよるが、テーマによって参加者の人数を調整する必要がある。

　忘れてはならないことは、話題提供者が語るテーマについて、参加者一人ひとりが自分自身のテーマとして捉え、主体的に参加し、自由に発言することのできる立場・存在であるということを意識した上で参加するということである。

▶3　テーマ

　職員会議や学年会では、行事のことやクラス運営について話題となることが多い。しかし、保育カンファレンスでは、心にとまった出来事や、その時々に困っていること、相談したいことが主な内容となり、日々の生活に密着し、身近なことが望ましい。そのテーマは子どもについて、自分自身の保育実践について、保護者対応についてなど様々であろう。

　子どもの捉え方と援助について、例えば、「散髪を機に、登園してから一日中、通園帽子を被ったままの男児Pに対し、どのように関わったら良いか」のように、ふだんは些細（さ　さい）な問題と捉えがちな内容のこともある。だが、日々の保育の中で際立って目立つようなことではなく、見落としてしまいがちなことこそ、重要な意味をもつことがあるのではないだろうか。

▶4　事例

　話題提供者は、テーマについて自らの保育をふり返り、省察して、事例を書くことになる。それがすでに、保育者自身の学びになっている。例えば、園のシフトなどの都合上、途中から参加する保育者もいるから、その場で共有でき、理解しやすいものが準備できると良い。

　書式をあらかじめ統一している園や、子どもを捉える際の視点を示している場合もあるが、いずれも、話題提供者が負担になるようなものであってはならない。簡潔にまとめやすく、かつ保育カンファレンスを進める際に役に立つような情報が記されていることが求められる。

▶5　進め方

　まずは適任の進行役を決め、参加者が平等な立場で語れるよう配慮することが必要である。その場において早急に正解を求めたり、「指導する・指導される」という関係性のもとで話し合うことはあってはならない。それは「語り合い」ではないからである。だからこそ、互いの存在に気づき、尊重しながら、それぞれが感じていることや考えていることを発言できることが重要である。

　進行役は、どのようなことでも語り合える雰囲気をつくり出すことを常に留意しながら進行し、有意義にカンファレンスが発展することに気を配らなくてはならない。また、参加者も進行役に協力し、本音で語り合う姿勢が求められる。

▶ 6　ふり返りと記録

　話題提供者は、保育カンファレンスでの事例検討の内容をふり返り、整理して記録することが大切である。保育者が語る様々な子どもの捉え方や意見を聞き、それをどう感じたか、今後それらをどのように保育の中で展開していくかなどを記録しておく。

　そのことが後々に有益な情報となるのである。保育カンファレンスでの検討を基に実践した結果や、それに対する子どもの変化、自らの変化についても記録し、経過がわかるようにしておくと、さらに有効性をもつことができる。

　もちろん参加した保育者も、記録を忘れてはならない。感じたことや自らの保育に生かしたいと思ったこと、保育カンファレンスのあり方といった視点に立った感想でもかまわない。なぜならば、保育カンファレンスに参加する者すべてが、主体者だからである。

　さらに、参加した保育者同士が、それらの記録をお互いに共有することで記録の意味は深まり、その後の保育をより良い方向に展開するための情報となり得るだろう。

　このことからも、保育カンファレンスは、保育者同士が協働的に保育のふり返りを進め、子どもの理解を深め、保育者が互いに学び合い育ち合う場となることが、必要不可欠なのである。

第3節»» 子どもを理解するために

▶ 1　保育をふり返る

　保育中には、その時々の子どもの様子が気になっても、その場だけでは行為の意味が読み取れないことも、しばしばある。

　一人ひとりに応じた関わりを大切にしながら、同時に個々への対応だけではない「集団としての子ども」への関わりを要求されることも、保育である。その場で子どもの様子や行為の意味を読み取れていないと感じても、その時々の最善を尽くした関わりをし、保育を進めなくてはならないこともある。それゆえ、保育をふり返ることは、大変重要な意味をもつ。

　保育者が子どもを理解しようとすることは、自分の行なっている保育を理解し、評価することに常につながっている。つまり、自らの保育をふり返ることで、改めて子どもを客観的に捉えることが可能になるともいえる。

　もちろん、子どもを客観的に理解することは、決して容易なことではない。子どもの行為を表面的に見て、「できる・できない」で評価するのではなく、「こんな気持ちがあったのかもしれない」「……なのではないか」など、常に推測して子どもを捉えることが重要である。さらに、保育者の主観だけの視点にならないよう留意しながら、子どもの気持ちに寄り添う姿勢をもってふり返ることが大切である。

　保育カンファレンスでは、話題提供者として保育をふり返り、子どもの姿を客観的に捉えなおすことで、自分なりの解釈をも語ることになる。さらに、他の保育者から様々な意見を聞き、自分なりの解釈と重ねることで、より客観性が高められるといえよう。

　時には、自分では予想もしなかったような子どもの捉え方も出てくるであろう。その場合には、他の保育者の意見を素直に受け止め、自分の見方や保育を柔軟に変えていく姿勢も忘れてはならない。保育者自身の子どもの捉えや見方を、常に問い直すことで自らの保育の質を高め、子どもの理解が深まっていくであろう。

　自らの保育を丁寧にふり返ることが、子どもを客観的に理解することへと結びついていくのである。

► 2　多面的な理解

　保育カンファレンスでは、複数の保育者が一人の子どもや、一つの場面について、様々な視点から捉えたことを語ることが、一般的である。また、広く子どもが生活している環境を見て、子どもの発達の状況や、その子どもの個性や課題を捉えることによっても、子どもを多面的に捉えることができる。

　つまり、子どもの理解や援助の仕方に「正解」を求めるのではなく、話題提供者を中心に自由に語り合い、子どもの捉え方や援助に「多様な考え方」があることに気づくことが重要である。

第4節 »»» 保育者の連携

► 1　共に学び合う

　一人ひとりの保育者が、互いに学び合い、互いに育てていると実感できる機会は、とても重要である。子どもの理解を深め、日々保育を進めるためには、保育者同士が共に学び合うことを積み重ね、研鑽し続けることである。つまり、同僚の保育者と共に子どもを理解していくことが、保育カンファレンスの本質でもあるといえよう。

　そして、保育者一人ひとりのよさや、得意分野が引き出される雰囲気の中で語り合い、学び合うことを積み重ねることで、子どもの理解がさらに深まるのである。保育者が互いの持ち味を受け入れ、それぞれを尊重し大切にし合うことは、子どもの発達や成長を支える上で大変重要なことである。

　また、互いを大切に思い、必要とされる関係により、保育の仕事に満足感とやりがいがもたらせることは間違いない。そのためには、一人ひ

とりの保育者が主体となって、協働的に仕事を進められる環境を園内で整えることが必要であろう。

▶ 2　協働性を高める

「幼稚園教諭・保育教諭のための研修ガイド――質の高い教育・保育の実現のために」には、保育者に求められる専門性（具体的な9項目）が示されている（保育教諭養成課程研究会、2014）。

その中には教職員集団としての一員としての協働性を身につけることや、乳幼児理解について重視されている。

これまで述べてきたように、質の高い保育を実現するためには、保育カンファレンスは重要な役割と意味をもっているといえよう。園の仲間と共に学び合い、互いを支え合い、問題を解決していく。日々の保育実践をふり返る。多面的に子どもを捉え、理解し、保育方法を再検討する。その積み重ねで、保育の質を上げることができる。同時に、保育者同士の関係性が深まることは間違いない。

保育者同士の良好な関係性を基盤とした省察と自由な語り合いが、保育者個人の力量を支え、園全体の保育者集団の協働性を高めることにつながっていくのではないだろうか。

【引用・参考文献】

保育教諭養成課程研究会「幼稚園教諭・保育教諭のための研修ガイド――質の高い教育・保育の実現のために」（平成26〔2014〕年度、文部科学省研究委託）

森上史郎「カンファレンスによって保育をひらく」『発達』第68号、ミネルヴァ書房、1996年、pp.1-4

（綾野鈴子）

第15章
子ども理解に基づく援助から生まれるもの

第1節 »»» 一人ひとりが大切にされる保育

▶1 「大切」とは

　子どもの成長にとって大切なことは、子ども・保護者（家族）・社会資源の良好な関わりである。それは受精から始まり、接する大人が子どもの心を育むことで築かれる。「大切」とは、「丁寧に扱う、大事、重要、緊急を要するさま」、また「かけがえのない」を意味する。遺伝や環境が人生の心理状態を左右することは周知であろう。

　個々の「遺伝」を把握し、過保護・過干渉に注意しながら、個々を丁寧に観察することで適度な「環境」設定ができる。「遺伝」の恵まれた点は生かし、気になる点を「環境」が補うことで子どもはすくすくと育つ。

▶2 子どもの発達把握

　2017（平成29）年に告示された「保育所保育指針」「幼稚園教育要領」「幼保連携型認定こども園教育・保育要領」では、育みたい資質・能力の3点「知識及び技能の基礎」「思考力、判断力、表現力等の基礎」「学びに向かう力、人間性等」に基づいた具体的な目標を「幼児期の終わりまでに育ってほしい姿」として示している。

　例えば保育所の週案などでは、一週間の計画に「養護と教育」の内容をバランスよく取り入れ、指導の目標が達成しやすいように考える。「養護」は生命の保持と情緒の安定に関する内容を示し、「教育」は5領

図表 15-1　養護

生命の保持	情緒の安定
・快適に生活できる	・安定感をもって過ごせる
・健康で安全に過ごせる	・自分の気持ちを安心して表す
・生理的欲求が十分満たされる	・主体として受けとめられ育ち自己肯定が育まれる
・健康増進が積極的に図られる	・くつろぎ、心身の疲れが癒やされる

出典［厚生労働省ほか、2017］より、一部筆者改変して作成

図表 15-2　教育〈幼児期の終わりまでに育ってほしい姿〉

育ってほしい姿		具体的な目標
ア	健康な心と体	充実感をもって自分のしたいことに心と体を十分働かせる
		見通しをもった行動、自ら健康で安全な生活づくりができる
イ	自立心	主体的な関わりで活動を楽しみ、すべきことを自覚する
		自己で考え工夫し、諦めずやり遂げ達成感を味わい自信をもつ
ウ	協同性	友達との関わりで互いの思いや考えを共有する
		共通の目的に向かって考え、工夫・協力し充実感をもってやり遂げる
エ	道徳性・規律意識の芽生え	体験から善悪が分かり、自己を振り返り他者に共感し相手の立場で考えられる
		きまりを守る必要性が分かり、友達と折り合い、きまりをつくったり守ったりする
オ	社会生活との関わり	家族を大切に思い、地域や身近な人との関わりから自分が役立つことに気づき地域に親しみをもつ
		遊びや生活に必要な情報を取り入れ役立てながら活動することで社会との繋がりを意識する
カ	思考力の芽生え	物の性質や仕組みに気づき、考え、工夫し多様な関わりを楽しむ
		自分と異なる考えがあることに気づき、新しい考えを生み出す喜びを感じ自分の考えをよりよくする
キ	自然との関わり・生命尊重	自然に触れ好奇心や探究心をもち、関心の高まりによって自然への畏敬の念をもつようになる
		生命の不思議や尊さに気づき、命あるものとしていたわり大切にする気持ちをもって関わる
ク	数量や図形、標識や文字などへの関心・感覚	遊びや生活の中で数量や図形に親しみ、標識や文字の役割に気づく
		自らの必要感に基づき活用し、興味、関心、感覚をもつようになる
ケ	言葉による伝え合い	保育士等や友達と心通わせ、絵本や物語に親しみ豊かな言葉や表現を身につける
		経験したことを言葉にしたり相手の話を注意して聞いたりして言葉の伝え合いを楽しむ
コ	豊かな感性と表現	心を動かす出来事に触れ、素材の特徴や表現の仕方に気づく
		自己表現したり友達同士で表現する過程を楽しんだりして表現する喜びを味わい意欲をもつ

出典［厚生労働省ほか、2017］より、一部筆者改変して作成

域にそれぞれ 10 の姿を分けている（**図表 15-1、15-2**）。ただ、どの項目も単独で成立するわけではなく、子どもたちの発達に応じた目標達成可能な組み合わせが環境構成される。したがって、保育者は年齢や個人の発達、担当クラスの特徴を、十分に把握しておくことが大切である。

（1）保育者の姿勢

乳幼児の発達には一定の順序性・方向性があり、一生涯途切れることなく連続的に進む。発達に個人差はあるが、発達が多様化、複雑化する過程で保育者が発達の臨界期を把握していれば、観察の中で小さな変化に気づけるだろう。

また、子どもたちを俯瞰(ふかん)することで、友人関係は良好か、集団の一員としてのあり方（集団凝集性(ぎょうしゅうせい)）はどうかなど、社会性の発達把握が可能となる。それらの気づきは、発達のつまずきの早期発見、早期対処にもつながる。そこで、保育者は次の 3 点に留意したい。

①一般的な発達段階を学び、知識を定着させること：専門知識を身につけ、それらの知識を保育実践で活用し、重ねた経験をもとに質の向上を目指したい。

②クラスの子どもは全体の一人であると認識し、集団の環境構成をイメージできること：発達のつまずきがある子どもがいる場合、その子どもとの時間が多くなり、他の子どもから不満が出てしまうことがある。状況は日々変化する。その都度、他の子どもの気持ちを確かめ、互いを大切にできる環境設定を考えていくことが望ましい。

③一人ひとりを心の目で観察すること：今回も同じ問題だろうと先入観で判断したり、内面をみようとしなかったりすると、子どもは本音を話す機会を失い、心の距離が離れていく。

（2）観察からの気づき —— けんかする 2 人に止めに入る男児の事例

5 歳児クラスで男児 2 人がけんかを始めた事例をとり上げよう。

2 人は最近よくけんかをするため、その日も担任は様子をみていた。ところが、今日は 2 人がもみ合いになり、早急に対応しなければならな

い状況になった。室内は静まり、子どもたちに緊張が走ったとき、日頃はおとなしく目立たない男児Lが、担任より先に近づき2人を止めに入った。Lに発言はなかったが、彼の表情で2人が何かを察したのか、けんかはおさまった。

あなたが担任だったら、この3人にどう接するだろうか。この事例の担任は、Lの背中をさすりながら「ありがとう」と言葉をかけ、けんかの2人には穏やかな表情で「先生とお話しようね」と、隣の部屋に移動した。担任の言葉でLは笑顔に変わり、クラスの雰囲気も元に戻った。

5歳になれば、心の理論を獲得し始め、子ども同士での問題解決が可能になるのは想定内の光景だが、この事例の注目は、Lが仲裁に入ってくれたことである。2人との接点はほとんどないLの行動が、担任には意外だったようだ。もし保育者があわててLを助けようとしたら、あるいは、もしけんかの2人をその場で叱っていたら、状況は変わっていただろう。Lに芽生えていた社会性、Lを巻き込まなかった2人の心の発達が、短時間で垣間見えた。

客観的な判断だけではなく、子どもたちを信じ、一人ひとりの成長を把握している担任だからこそ円滑に運ぶ対応だったといえよう。ただし、別の保育者にクラス運営の援助を委ねるなど、担任が移動した後の保育室内を忘れてはならない。他の子どもへの配慮も常に不可欠である。

5歳から8歳頃は、運動や遊びを通して、子どもたちは著しく変化していく。様々な問題と直面し、彼らなりに解決策を模索する。

その援助を担うのが保育者だが、思い入れが強く、独自のやり方で実践したり、自他評価ばかり気になったりしては、対応の仕方に限界がくる。「一人ひとりが大切にされる保育」には、保育者自身の心身を大切にすることも忘れないでいたい。

▶3　日々の変化への気づき

子どもを理解するには、まず、日々の変化に気づけるようになるのが

よい。例えば、毎日通る道端で昨日は咲いていなかった草に花が咲いたとか、出勤時間が数分違うだけで近所の人を見かけないとか。こうした日常の過ごし方も、保育者としての子どもを見る目に役立つ。

　例えば、遊具のない広場で、子どもたちと一緒に楽しく過ごす方法が思い浮かぶであろうか。ふだんの子どもたちを取り巻く環境は、既成の玩具で溢れている。「道具のない状態でどうすれば子どもたちの創造性を養えるか」と不安に感じる保育者が少なくない。

　保育者自身に、そのような遊び経験がない場合もあるが、まずは、保育者がその環境に柔軟性をもち、子どもたちの行動を迅速に観察してみよう。遊びが思いつかなければ、手をつないで輪になることから始めてもよい。保育者が行動を起こせば、子どもたちは空気の流れ（雰囲気の変化）を感じて、次の行動へと導いてくれる。「同じ時間を過ごした」という思い出を重ねるだけでも、あらゆる環境下で順応する力を養えるだろう。

　子ども理解の原点は、「子どもたちが主役」であると認識することである。担任だからと肩に力が入り、子どもたちへの指示や指導が過度になっては自主性を育めない。まず心に寄り添い個性を把握し、子どもたちのもち味・才能が全体の中にうまく存在（共存）するよう調整していくことである。

第2節 >>> 保育の質の向上

　文部科学省「子どもの徳育の充実に向けた在り方について（報告）」では、乳幼児期の発達で「愛着形成、基本的信頼感・他者受容による自己肯定感の獲得、遊びを通じた子ども同士の体験活動の充実」を重視すべき課題としている。それらを視野に入れた保育を目指すには、専門知識を深めることも必要である。

▶ 1　子どもの発達把握と環境

　子どもの発達では愛着形成が重要であるが、それは家庭が基盤となる。保育者は、形成の状態を見極め、環境に適応するように導きたい。再確認したい専門知識は次の3点である。

(1) 脳の発達

　脳内の神経発生は受精後3週間頃から始まり、7週目頃にピークを迎え、脳の基本的な構成要素が4か月頃には形成される。脳内の大脳皮質では、妊娠後期から生後1年目にかけてしわの数と深さが増大する。脳の重要な領域の一つである海馬<ruby>海馬<rt>かいば</rt></ruby>では記憶、扁桃体<ruby>扁桃体<rt>へんとうたい</rt></ruby>では情動が深く関わる。

　人と関わりながら経験を重ね、成長していく過程で、脳内にある神経回路は不要なものが整理され、10歳頃までに徐々に減少するといわれる。この時期以降に細胞分裂は起こらないため、脳が傷つくと重大な結果を招きやすい。脳への強い衝撃が将来に大きな影響を及ぼしてしまう。

　例えば視覚の場合、何らかの問題（けが等）で視野を遮<ruby>遮<rt>さえぎ</rt></ruby>る時期が長くなると視力が低下し、回復が困難になる場合がある。また、繰り返しの暴力等で脳に過度な衝撃が加わると脳が萎縮<ruby>萎縮<rt>いしゅく</rt></ruby>し、状態によっては将来キレやすくなる可能性がある。保育者は観察する際、脳の発達がいかに大切であるかも再認識したうえで援助に努めたい。

(2) 子どもの環境

　「保育所保育指針」は、「子育て支援」について、「保護者に対する子育て支援を行う際には、各地域や家庭の実態等を踏まえるとともに、保護者の気持ちを受け止め、相互の信頼関係を基本に、保護者の自己決定を尊重すること」（第4章-1-(1)ア）とする。子どもを取り巻く環境（家庭・家族、関わる人、事柄）は多様化しており、対応も様々である。保育者は定期的に全国・地域子育て事情の最新情報を確認するとよい。

　例えば、児童のいる世帯のうち、ひとり親家庭の割合は上昇傾向にあるが、ひとり親家庭の平均所得は他の世帯と比べて大きく下回っている

（『令和元〔2019〕年版子供・若者白書』）。また、保護者にゆとりがなく子どもに不安を向けてしまう場合や、子育て放棄が疑われるケースも少なくない。保護者の状況に配慮しながら、担任を中心に各施設内で支援方法を検討したうえで、社会資源との連携で子どもの環境を整えたい。

（3）観察記録

　観察記録は、事実だけを列挙するのではない。その場、その時の子どもの表情、言動からみえる心情を読み取るのである。連絡帳などへの手書きは心情が読み手に伝わることがあるため、保育者は慎重かつ丁寧に言葉を模索すべきである。

　一生懸命に観察しても、子どもの変化が見つからず、何も書けない日もある。だが、それが保育者自身の壁を乗り越えるチャンスとなる。書けなかった「一人」に明日は言葉がけを増やしてみる、「一人ひとり」を別の視点から判断してみるなど、試行錯誤しながら関わる過程が、保育者の強みを生かし、方法を見つける糸口になる。「一人ひとり」の連絡帳を毎日書き続けた保育者の多くは、観察した時間がかけがえのないものとなり、子どもの成長が愛おしく感じられるという。何冊にもなった連絡帳を、卒園後も大切に保管する保護者は少なくない。

　「一人ひとりが大切にされる保育」とは、「一人ひとり」を保育者の"心の目"でみるところから始まる。言動の裏に隠された心に気づき、個々に応じたサポートができれば、子どもの育ちを支えられる。

第3節 »»» 保育者の姿勢

　保護者からは「先生はまだ若いから子どもに関わるのは難しいわね」とか、「先生には子どもがいないからわからないのよ」などと言われることもある。

　また、「一人ひとりを大切に」と考えすぎると、「一人」にしか目が向

128

かず、全体の観察ができなくなり、対応が停滞してしまうこともあるだろう。

　しかし、生じた問題にはしっかり向き合い、必死で解決策を考えるとよい。「援助してあげる、私ならできるから任せてほしい」ではなく、「援助したい、私と一緒に考えましょう」という姿勢が、保護者の心を揺らし、やがてあなたに、心を向けてくれる。その姿勢が互いの信頼を生み、子どもの保育に反映される。保育者としての質も向上する。

　あなた自身の心を子どもたちに向けて、教室全体を見渡すことをお勧めしたい。毎日一人ずつ名前を呼んで挨拶する、毎日少しずつ、子どもたちにそっと触れてみる。その継続によって、子どもたちがあなたに何を求めているのかを教えてくれるだろう。

　子どもたちと関わった経験から得たものは、必ず保育者のあなたを支えてくれる。「決して焦らない、諦めない、逃げない」という姿勢こそが、個々への適した援助を生み、それが子どもの笑顔、関わる人の笑顔へと広がるだろう。

【引用・参考文献】

厚生労働省「保育所保育指針（平成29年告示）」2017年

内閣府「子供・若者白書（令和元年版）」2019年

内閣府・文部科学省・厚生労働省「幼保連携型認定こども園教育・保育要領（平成29年度告示）」2017年

東洋・大山正・詫摩武俊・藤永保編集代表『心理学用語の基礎知識』有斐閣、2002年

文部科学省「子どもの発達段階ごとの特徴と重視すべき課題」「子どもの徳育の充実に向けた在り方について（報告）」3-3、2009年

文部科学省「幼稚園教育要領（平成29年告示）」2017年

リザ・エリオット、小西行郎監修、福岡洋一訳『赤ちゃんの脳と心で何が起こっているの？』楽工社、2017年

（大賀恵子）

【監修者紹介】

谷田貝公昭（やたがい・まさあき）
　目白大学名誉教授、NPO法人子どもの生活科学研究会理事長
［主な著書］『図説・子ども事典』（責任編集、一藝社、2019年）、『改訂新版・保育用語辞典』（編集代表、一藝社、2019年）、『改訂版・教職用語辞典』（編集委員、一藝社、2019年）、『新版 実践・保育内容シリーズ［全6巻］』（監修、一藝社、2018年）、『しつけ事典』（監修、一藝社、2013年）、『絵でわかるこどものせいかつずかん［全4巻］』（監修、合同出版、2012年）ほか

【編著者紹介】

大沢　裕（おおさわ・ひろし）
　松蔭大学コミュニケーション文化学部子ども学科教授
［主な著書］『改訂新版・保育用語辞典』（編集委員、一藝社、2019年）、『新版・幼児理解』（単編・共著、一藝社、2018年）、『言葉』（コンパクト版保育内容シリーズ／単編・共著、一藝社、2018年）、『教育の知恵60──教師・教育者を励まし勇気づける名言集』（単編・共著、一藝社、2018年）ほか

藤田久美（ふじた・くみ）
　山口県立大学社会福祉学部社会福祉学科教授
［主な著書］『改訂版・教職用語辞典』（共著、一藝社、2019年）、『新版 障害児保育』（コンパクト版・保育者養成シリーズ／共編著、一藝社、2018年）『アクティブラーニングで学ぶ特別支援教育』（単編著、一藝社、2017年）、『アクティブラーニングで学ぶ福祉科教育法─高校生に福祉を伝える』（単編著、一藝社、2017年）ほか

【執筆者紹介】（五十音順）

綾野鈴子（あやの・すずこ）　　　　　［第14章］
　　共立女子大学家政学部児童学科助教

伊藤　亮（いとう・りょう）　　　　　［第10章］
　　愛知学泉大学家政学部こどもの生活学科講師

大賀恵子（おおが・けいこ）　　　　　［第15章］
　　岡山短期大学幼児教育学科准教授

大沢　裕（おおさわ・ひろし）　　　　［第1章］
　　〈編著者紹介参照〉

加納史章（かのう・ふみあき）　　　　［第7章］
　　兵庫教育大学大学院幼年教育・発達支援コース助教

熊谷　賢（くまがい・さとし）　　　　［第2章］
　　専修大学北上福祉教育専門学校保育科専任講師

佐藤牧子（さとう・まきこ）　　　　　［第4章］
　　目白大学人間学部子ども学科助教

高岡昌子（たかおか・まさこ）　　　　［第8章］
　　奈良学園大学人間教育学部人間教育学科教授

高橋千香子（たかはし・ちかこ）　　　［第11章］
　　奈良学園大学人間教育学部人間教育学科専任講師

谷　真弓（たに・まゆみ）　　　　［第12章］

　　箕面学園福祉保育専門学校保育科専任講師

當銘美菜（とうめ・みな）　　　　［第4章］

　　目白大学人間学部子ども学科助教

根津知佳子（ねづ・ちかこ）　　　［第13章］

　　日本女子大学家政学部児童学科教授

野末晃秀（のずえ・あきひで）　　［第5章］

　　松蔭大学コミュニケーション文化学部子ども学科准教授

藤田久美（ふじた・くみ）　　　　［第9章］

　　〈編著者紹介参照〉

古橋真紀子（ふるはし・まきこ）　［第4章］

　　目白大学人間学部子ども学科助教

村山久美（むらやま・くみ）　　　［第3章］

　　東京立正短期大学幼児教育専攻非常勤講師

山本陽子（やまもと・ようこ）　　［第6章］

　　聖セシリア女子短期大学幼児教育学科専任講師

装丁（デザイン）・カバーイラスト　小原正泰

〈保育士を育てる〉③

子どもの理解と援助

2020年3月10日　初版第1刷発行

監修者　谷田貝 公昭
編著者　大沢　裕・藤田久美
発行者　菊池 公男

発行所　株式会社 一藝 社
　　　　〒160-0014 東京都新宿区内藤町 1-6
　　　　Tel. 03-5312-8890　Fax. 03-5312-8895
　　　　E-mail : info@ichigeisha.co.jp
　　　　HP : http://www.ichigeisha.co.jp
　　　　振替　東京 00180-5-350802
印刷・製本　モリモト印刷株式会社